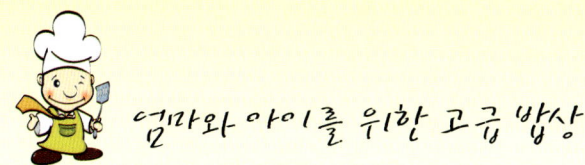
엄마와 아이를 위한 고급 밥상

레스토랑 요리 따라하기

안충훈 지음

예신 Books

PREFACE [머리말]

    요리사 생활을 시작한 지 어언 15년, 책을 내고자 이곳저곳 수소문하던 중 누군가로부터 키즈 비즈니스가 확대되어 가고 있다는 이야기를 듣고 키즈 비즈니스 분야야말로 블루 오션이란 확신이 들었다.

    무작정 그 이야기가 옳다구나 싶어서 그 동안의 원고를 급기야 전면 수정하였고, 그 기간이 2년 남짓 걸렸다.

    결론부터 말하자면, 음식은 레스토랑이나 식당에서 돈을 내고 사먹기도 하지만 누군가는 집에서 만들고 있다는 사실이다. 음식을 만들고자 하는 사람은 건강 지킴이 주부이고, 먹는 대상은 가족이다. 가족들의 건강을 생각하면서 맛있고 예쁜 레스토랑 요리를 따라할 수 있게끔 레시피를 쉽게 만드는 것이 중요하다는 생각이 들었다.

    매운 것, 신 것, 짠 것들을 못 먹는 아이들이기에 어른 음식보다 더 손이 가고 더 연구를 거듭하게 되었다. 또한 여성들도 웰빙, 올가닉의 붐을 이루고 있는 중심이기에 같이 먹을 수도 있겠다는 생각이 들었다.

    이 책에 소개된 레시피에 따라 음식을 만드는 주부들을 생각하면 이내 뿌듯한 감정이 생기기도 한다. 캐서린 제타 존슨 주연의 '사랑의 레시피' 라는 영화에서 어린 조카를 위해 요리해 주는 모습은 보기만 해도 아름답다.

    '잘될까?' 라는 의구심을 확신으로 힘을 실어주신 예신 출판사 식구들과 Lee & Co System의 호면당 식구들께 감사드리고, 새봄기획 홍정식 대표, 김자영 팀장과 스타시아 F&B 찹찹 식구들께 감사드린다.

    모든 독자분들께 '긍정의 힘이 나의 삶의 축복' 이라는 생각을 전하면서 많은 행운이 있길 바란다.

안충훈(rpain@naver.com)

Restaurant cooking

CONTENTS

01 아침 요리

견과 스크램블과 허브 토스트 ····· 13
무슬리 ····· 15
크림치즈를 바른 샌드위치롤 ····· 17
프렌치 토스트와 고구마 매쉬 ····· 19
서양식 아침식사 ····· 21

02 샐러드 & 핑거푸드

게살 샐러드 ····· 27
소세지 샐러드 ····· 29
해산물을 곁들인 청포묵 ····· 31
냉 샤브 샐러드 ····· 33
크림치즈 샐러드 ····· 35
소바 샐러드 ····· 37
구운 과일 샐러드 ····· 39
수육 샐러드 ····· 41
치킨 샐러드 ····· 43
백합조개와 토마토 살사 ····· 45
엔다이브 치즈 카나페 ····· 47
아보카도 라이스 캔디 ····· 49
오렌지 폰즈와 웰빙 부침개 ····· 51
지중해 스타일 스푼 카나페 ····· 53
튀긴 두부 카나페 ····· 55
체리 토마토와 모차렐라 치즈 ····· 57

03 수프 & 파스타

단호박 수프와 하드롤 ……………………………… 63
된장 콘소메 수프 …………………………………… 65
메주콩 수프 …………………………………………… 67
토마토 해산물 맑은 수프 …………………………… 69
검은깨 수프 …………………………………………… 71
삼겹살을 곁들인 카펠리니 ………………………… 73
해산물 쌀국수 ………………………………………… 75
키조개 된장 스파게티 ……………………………… 77
알파벳 파스타 ………………………………………… 79
버섯 꼰낄리에 ………………………………………… 81
과일을 곁들인 콩국수 ……………………………… 83

04 라이스 & 해산물 요리

김치 게살 새우 볶음밥 ……………………………… 89
아보카도와 참치 비빔밥 …………………………… 91
장아찌 소스의 안심 볶음밥 ………………………… 93
아스파라거스 리조또 ………………………………… 95
황태 보푸라기 리조또 ……………………………… 97
새우를 올린 스시롤 ………………………………… 99
중화풍 주꾸미 가지 덮밥 …………………………… 101
프로슈토를 곁들인 오니기리 ……………………… 103
레몬 크림 소스의 가리비 찜 ……………………… 105
토마토 소스의 해물찜 ……………………………… 107
오렌지 소스의 삼치 스테이크 …………………… 109
모둠 해산물 야채 볶음 ……………………………… 111
코코넛 크림과 굴튀김 ……………………………… 113

가지와 떡갈비 구이 ················· 115
더덕 소스의 항정살 구이 ············· 117
쇠고기 야채 볶음 ··················· 119
치킨 가라아게 ····················· 121
에멘탈 치즈와 버섯 스테이크 ········· 123

05 디저트

파리지언 파르페 ··················· 129
트리플 프루트 타워 ················· 131
패션 프루트 빙수 ··················· 133
얇은 크레페와 연시 소스 ············· 135

Chef 119

아이들 요리, 이것만은 꼭 주의하자! 베스트 7

01 음식을 만들고 담을 때 잘 깨지는 그릇은 위험!

음식을 만들고 담을 때 긴 볼(Bowl)이나 잔을 사용하기도 하는데 유리나 얇은 사기그릇류, 크리스털 등 깨질 위험이 있는 그릇들은 되도록 피하는 것이 좋다. 특히 유아나 초등학생 미만의 아이들은 조심성이 떨어지므로 각별히 주의하여야 한다.

02 음식을 준비할 때 식재료 크기에도 주의!

대략 사방 크기가 2cm 미만의 크기는 피해야 한다. 특히 유아들은 한번에 삼킬 염려가 있으니 더욱 주의해야 한다. 조그맣게 자르거나 얇게 채썬 방식이 좋고 아예 크게 잘라서 치아로 조금씩 잘라서 먹게 4~5cm 이상 크기로 하는 게 바람직하다.

03 날카로운 포크나 젓가락, 나이프 등도 조심!

레스토랑에서도 흔히 유아용 포크나 젓가락, 나이프가 따로 준비가 되어 있는 경우가 있다. 그만큼 다칠 위험이 있기 때문인데 긁히거나 눈에 찔리거나 베이므로 주의하여야 한다. 아이 자신뿐만 아니라 주변 사람들을 다치게 할 수도 있으므로 주의를 기울여야 한다.

04 당류가 많이 함유된 음식은 비만과 편식의 주범!

우리 먹거리 중에는 아이들을 유혹하기 위해서 단당류가 많이 들어 있는 음식들이 있다. 그런 음식이나 간식은 아이들의 규칙적인 식습관에 방해가 되므로 피하는 것이 좋다. 음식의 당도 조절은 꿀이 가장 적합하다. 음식을 준비할 때는 설탕류를 약간 사용하고, 꿀을 넣도록 하자. 간식으로 단 음식을 자주 주다 보면 단맛에 길들여져서 다른 음식은 안 먹으려 하니 고려해야 하며, 또한 간식으로는 과일류를 자주 먹이도록 한다.

05 인스턴트 식품은 잦은 질병의 노출!

공정이 많은 가공품이나 인스턴트 식품에는 식품첨가물이 많이 들어간다. 거기에는 보존료, 착색료 등 알지도 못하는 첨가물들이 다량 함유되어 있다. 이런 것이 우리 몸에 큰 지장이 없다고는 하지만 면역력이 떨어지는 유아나 아이들에게는 아토피나 피부병 등에 노출될 수도 있다. 되도록이면 인스턴트는 피하고, 먹게 되더라도 조금만 먹인다. 요즘 식품 중에는 올가닉, 친환경 식품이 많이 있으니 골라 먹이도록 한다.

06 너무 차가운 음식은 위험!

차가운 음식은 아이들에게 위험하다. 예를 들어, 얼음덩이가 입 안에 들어가면 혓바닥이나 입 안에 붙어 버리는 경우가 있다. 그것을 본 어른들은 그것을 떼어내려고 할 것이고 그러면 입 안에 큰 상처가 난다. 그럴 때는 미지근한 물을 입에 조금 부으면 금방 떨어진다. 그래서 얼어있는 음식은 위험하므로 되도록 피해야 한다.

07 너무 뜨거운 음식은 화상 위험!

뜨거운 음식을 먹을 때나 테이블에서 즉석으로 조리하여 먹는 음식은 상당히 주의를 기울여야 한다. 어른의 실수나 아이들의 실수로 화상의 위험이 있기 때문이다. 펄펄 끓는 전골류나 탕류 등은 멀리 떨어져 있도록 해야 한다. 먹을 때도 충분히 식혀서 먹여야 하고 어른들이 직접 먹어서 적당한 온도가 되었을 때 먹여야 한다. 위의 7가지 항목 중에서도 가장 세심한 주의가 요구되는 항목이다.

Section
01

아침 요리

견과 스크램블과 허브 토스트

견과류에는 두뇌 활동에 좋은 영양소가 들어 있어 아침식사로 곁들여 먹으면 몸과 정신에 활력이 생기므로 꾸준히 먹이도록 한다.

이렇게 만드세요!

[스크램블 만들기]

1. 잣, 호두와 우유를 믹서에 넣고 갈아 체에 거른 후 믹싱볼에 계란을 넣고 섞는다.
2. 프라이팬에 버터를 넣고 중불로 달궈지면 1을 붓고 나무젓가락으로 휘젓는다. 소금과 후추로 적당히 간을 한다.
3. 스크램블이 완성되면 그릇에 모양내어 담는다.

[허브 토스트 만들기]

1. 다진 바질과 버터를 섞는다.
2. 토스트용 식빵에 1을 얇게 바른다.
3. 토스터기나 프라이팬에 노릇하게 굽는다.
4. 완성되면 딸기쨈을 곁들여 낸다.

 tip

스크램블 : 달걀에 우유를 넣어 버터로 볶은 요리

 재료 [2인분]

견과 스크램블
잣 2스푼 / 호두 5알 / 우유 100ml / 계란 2알 / 버터 1스푼 / 소금, 후추 약간

허브 토스트
식빵 4장 / 바질 3장 / 버터 2스푼 / 딸기쨈 50g

호두

무슬리

플레인 요거트에는 유산균과 비피더스균이 많이 들어있다. 견과, 과일, 씨리얼 등과 함께 아침에 꾸준히 아이에게 먹이면 규칙적인 배변 습관을 길러 주고 골고루 영양섭취를 할 수 있다. 즉, 종합 비타민이라고 해도 괜찮은 아침 식사이다.

이렇게 만드세요!

1 바나나는 얇게 썬다.
2 망고와 키위는 5mm 크기의 주사위 모양으로 썬다.
3 건포도는 칼로 거칠게 다진다.
4 플레인 요거트와 나머지 재료를 큰 그릇에 담는다.
5 4와 꿀 적당량을 섞어서 그릇에 담는다.
6 애플민트로 장식을 하여 완성한다.

2

※ 주의
키위, 사과, 파인애플 등은 밤에 먹지 않는 것이 좋다. 다른 과일보다 산 성분이 많아 잠을 잘 때 위에 부담을 주기 때문이다.

 재료 [2인분]

무슬리
건포도 1스푼 / 달지 않은 씨리얼(콘푸레이크) 2스푼 / 플레인 요거트 2개 / 바나나 1/3개 / 망고 1/3개 / 키위 1/3개 / 다진 견과 1스푼 / 꿀 적당량 / 장식용 애플 민트

무슬리란 북유럽에서 아침 식사 대용 음식으로서, 말린 과일, 견과류, 오트밀, 씨리얼 등에 우유, 요거트를 섞어 먹는다.

요거트

크림치즈를 바른 샌드위치롤

 크림치즈를 바른 샌드위치롤은 모양이 아기자기하며 먹기도 편리해서 아이들이 좋아한다. 또한 느끼할 수 있는 크림치즈에 과일류를 섞어 느끼함을 없애주므로 더욱 맛이 좋다. 식빵뿐만 아니라 부드러운 빵류는 무엇이든 가능하고, 과일 크림치즈도 다른 재료로 응용해도 된다.

이렇게 만드세요!

1 건자두는 다져서 크림치즈와 섞는다.
2 5mm 크기의 주사위 모양으로 썬 망고와 크림치즈를 섞는다.
3 식빵 끝을 잘라내고 밀대를 이용하여 얇게 식빵을 민다.
4 얇게 민 식빵에 크림치즈를 발라서 돌돌 만다.
5 먹기 좋은 크기로 잘라서 접시에 담으면 완성된다.

tip 프룬(서양 건자두)은 비타민, 칼륨, 철분, 섬유질이 풍부하고, 망고에는 비타민, 베타카로틴 섬유질이 많아서 두뇌력 강화, 심장기능 강화, 면역력을 높여준다. 특히 건자두는 간식으로 먹기에 용이하므로 자주 먹이면 좋다.

 재료 [2인분]

샌드위치롤
식빵(샌드위치 빵) 6장 / 필라델피아 크림치즈 100g /
서양 건자두(프룬) 3개 / 망고 1/4개

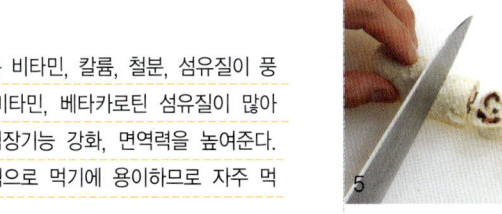

프룬

17

프렌치 토스트와 고구마 매쉬

고구마는 다이어트 식품으로 많이 알려져 있는데, 고구마에 풍부한 식이섬유와 야라핀이라는 성분이 변을 무르게 하여 쾌변을 볼 수 있도록 한다. 단, 열량(100g당 130kcal)이 높기 때문에 설탕을 넣거나 과식하면 다이어트의 효과가 떨어진다.

이렇게 만드세요!

1 샌드위치 빵은 누런 부분을 잘라내고 직삼각형으로 자른다.
2 계란과 우유를 잘 섞은 다음 샌드위치 빵을 앞뒤로 1분씩 적시고, 건재낸 후 체에 받쳐 계란물을 흐르게 한다.
3 프라이팬에 버터를 두르고 중불로 가열한 다음, 샌드위치 빵을 골고루 노릇하게 굽는다.
4 구운 샌드위치 빵을 팬 뚜껑이나 호일로 씌워 오븐(200℃)에 3분 동안 굽는다.
5 샌드위치 빵이 익을 시간에 찐 고구마를 체에 내려 휘핑크림과 섞어 준비한다.
6 샌드위치 빵을 오븐에서 꺼내어 접시에 담고 그 위에 고구마 매쉬를 올리고 꿀을 뿌려 완성한다.

Cooking Note

- 샌드위치 빵을 계란, 우유에 너무 오래 담가 두면 쉽게 찢어진다.

- 빵이 오븐에서 덜 구워지면 실온에서 얼마 안되어서 쭈그러든다.

 재료 [2인분]

프렌치 토스트와 고구마 매쉬
샌드위치 식빵 2장 / 계란 2개와 우유 400ml를 섞은 것 / 고구마 1개 / 꿀 50ml / 휘핑크림 1스푼 / 버터 2스푼

tip
토스트 식빵으로도 가능하나 샌드위치 식빵보다 밀도가 낮아 쉽게 찢어진다.

고구마

서양식 아침식사

단백질의 공급원인 계란과 멜론의 비타민과 칼륨은 궁합이 잘 맞는다. 멜론은 면역력을 높여주고 나쁜 콜레스테롤을 저하시키는 기능을 지니고 있다. 또한 계란 노른자에 수분 함량이 많아 몸의 독소를 배출시켜 주는 이뇨 작용을 한다.

이렇게 만드세요!

1. 베이컨은 반으로 자른 다음 프라이팬에 중불로 가열하여 앞·뒤로 연하게 익힌다.
2. 타월로 동물성 기름을 제거하여 준비한다.
3. 멜론을 예쁘게 잘라 준비한다.
4. 프라이팬에 식용유를 두르고 약한 불로 달군 다음 계란 프라이를 하고 소금으로 간을 한다.(쉐프 테크닉 참조)
5. 접시에 계란, 멜론, 베이컨, 크로와상과 잼을 예쁘게 담으면 완성된다.

계란 예쁘게 프라이하기
프라이팬에 식용유를 둘러 약한 불에 가열하고 조그만 그릇에 계란을 미리 깨두어 프라이팬을 살짝 기울인 상태에서 계란을 붓는다.
반숙을 원할 때는 프라이팬에서 계란 흰자가 하얗게 익을 때 뒤집어 굽고, 완숙을 원할 때는 흰자를 오래 익힌 후 뒤집어 익히면 된다.

 재료 [2인분]

서양식 아침식사
계란 2개 / 베이컨 1장 / 멜론 1조각 / 크로와상 2개 / 딸기잼 1스푼 / 식용유 1큰술 / 소금 약간

크로와상

호텔 서양식 아침식사에 대하여

● 호텔에서는 외국 손님이 많기 때문에 서양식으로 된 아침식사가 준비되어 있다. 그 중에 아메리칸 블랙퍼스트(american breakfast)라 해서 가장 대중적인 식사가 있다. 주스와 토스트, 모닝롤, 그리고 계란 요리와 소세지, 햄, 베이컨류가 곁들여지고 감자 요리가 나오는데 단백질, 탄수화물, 비타민, 지방, 무기질 등 5대 영양소를 골고루 섭취할 수 있도록 식사가 제공된다.

● 아침식사에는 계란 요리가 많은데 그 종류를 알아보자.
① 계란 프라이(프라이드 에그 ; fried egg) : 프라이드 에그도 스테이크처럼 굽기의 정도가 있다.
- 써니 사이드 업(suny side-up) : 태양이 뜬 것처럼 보인다해서 부쳐진 이름인데 계란이 프라이팬 바닥과 마찰된 부분만 익어서 나오는 요리이다.
- 오버 이지(over easy) : 계란이 앞, 뒤로 프라이된 것인데 노른자는 1/3 정도만 익은 것이다.
- 오버 미디엄(over midium) : 계란이 앞, 뒤로 프라이되고 노른자는 1/2 정도만 익은 것이다.
- 오버 하드(over hard) : 계란이 앞, 뒤로 프라이되고 노른자가 완전히 익은 것이다.

써니 사이드 업

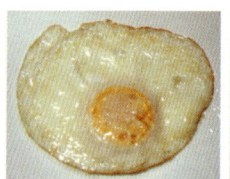
오버 이지

오버 미디엄

오버 하드

    스크램블 에그   삶은 계란   수 란   오믈렛

② 스크램블 에그(scramble egg) : 계란을 풀어서 준비하고 프라이팬에 식용유를 넣어 달궈지면 계란을 붓고 나무젓가락을 이용하여 재빨리 저어서 으깬 것처럼 하는 방법이다.

③ 삶은 계란(보일드 에그 ; boild egg) : 삶은 계란도 익는 정도에 따라 다르다. 끓는 물에서 12분 삶으면 완숙이 되는데 4분, 8분, 12분 이런 식으로 익는 정도를 이야기 할 수 있다. 노른자가 검은 빛을 띠도록 오래 삶으면 수분이 많이 날아가 맛이 없다.

④ 수란(포치드 에그 ; poached egg) : 은근히 끓는 물에 계란을 깨서 넣는 방법인데 물을 끓일 때 소금과 식초 두 방울 정도 떨어뜨린다. 식초를 넣는 이유는 계란의 응고 작용을 돕기 때문이다. 익은 수란을 따뜻한 물에 다시 담가 식초 맛을 제거하고 물기를 제거하고 토스트나 모닝롤에 같이 곁들여 먹는다. 또한 에그 베네딕트라 해서 잉글리시 머핀과 같이 곁들여서 제공되는 요리도 있다.

⑤ 오믈렛(omelet) : 프라이팬에서 스크램블이 완성되기 전에 프라이팬 손잡이를 툭툭 쳐서 모양을 만드는 방법이다. 여기에 토마토를 이용한 소스를 곁들이면 스페니시 오믈렛이 되기도 한다.

Section
02

샐러드 & 핑거푸드

게살 샐러드

샐러드

간식용 크래미에도 게에 있는 키토산이 함유되어 있는데 키토산은 장내 환경을 개선해 준다. 장을 깨끗이 하여 영양 흡수를 잘 되게 해 주고 혈액을 맑게 해 준다. 롤라로사는 꽃상추와 비슷하지만 더 연하고 부드러우며 혈액의 흐름을 원활하게 해주고 신진대사 작용을 촉진시켜 준다.

이렇게 만드세요!

1. 드레싱 재료를 믹싱볼에 담아 잘 섞어서 완성한다.
2. 롤라로사는 흐르는 물에 깨끗이 씻고 1cm 두께로 자른다. 물기도 털어낸다.
3. 자몽은 과육만 자르고 5mm 크기의 주사위 모양으로 자른다.
4. 크래미는 물기를 짠 후 듬성듬성 찢는다.
5. 청피망, 홍피망은 2mm 크기의 주사위 모양으로 자른다.
6. 사과는 깨끗이 씻어서 껍질채로 얇게 채썬다.
7. 자몽, 사과, 크래미를 볼에 담아 준비된 드레싱을 넣고 조심스레 섞어 샐러드를 완성하고, 접시에 롤라로사를 깔고 완성된 샐러드를 그 위에 얹는다.
8. 청피망, 홍피망을 샐러드 위에 뿌리면 완성된다.

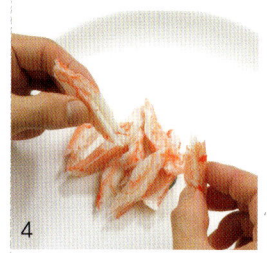

재료 [2인분]

게살 샐러드
크래미 100g(찐 게살 100g) / 사과 1/4개 / 롤라로사 5장 / 자몽 1/4개 / 청피망·홍피망 1/4개씩

코코넛 밀크 요거트 드레싱
플레인 요거트 1개 / 레몬즙 1/2스푼 / 다진 마늘 1/2티스푼 / 잘게 다진 피클 1스푼 / 코코넛 밀크 1스푼 / 꿀 적당량

롤라로사

소세지 샐러드

샐러드

말랑말랑한 수제 소세지와 부드럽고 연한 베이비 야채는 달콤한 허니 머스터드 드레싱과 잘 어울려서 입 안에 신선함을 가득 선사한다.

이렇게 만드세요!

1 건포도와 셀러리는 다져서 드레싱 재료에 섞어 허니 머스터드 드레싱을 준비한다.
2 수제 소세지는 길게 1/2로 자른 다음 반달 모양으로 엇썰기한다. 슬라이스한 소세지를 뜨거운 물에 데쳐 찬물에 헹군 다음 물기를 뺀다.
3 새송이와 양파는 1cm 크기로 주사위 모양으로 썬 후 볶아서 식힌다.
4 접시에 양상추를 컵처럼 놓고 양파, 새송이, 옥수수 통조림과 소세지, 베이비 야채를 섞어서 담는다.
5 4에 허니 머스터드 드레싱을 뿌린다.
6 오렌지 과육을 잘게 잘라서 5에 얹으면 완성된다.

Cooking Note

소세지를 뜨거운 물에 데치는 이유는 동물성 기름을 빼고 안 좋은 불순물을 제거하기 위함이다.

재료 [2인분]

소세지 샐러드
수제 소세지 1개 / 양상추 1장 / 베이비 야채 50g / 양파 1/2개 / 새송이 1개 / 오렌지 1/2개 / 통조림 옥수수 1스푼

허니 머스터드 드레싱
마요네즈 2스푼 / 머스터드 1/2스푼 / 건포도 1/2스푼 / 셀러리 1줄 / 꿀 1스푼 / 생크림 약간

머스터드

해산물을 곁들인 청포묵

샐러드

모시조개와 쭈꾸미에는 타우린 성분이 풍부하여 간의 해독 작용을 돕고 우리 몸의 피로 물질인 낙산을 제거하여 준다. 청포묵을 만드는 원료인 녹두에는 비타민 B_6, B_1, 나이아신, 엽산이 풍부하여 성장기 어린이에게 좋다. 또한 엽산은 임신하였을 때 태아를 성장시키는 좋은 성분이기도 하다.

이렇게 만드세요!

1 드레싱 재료를 믹서에 갈아서 소이 드레싱을 준비한다.
2 해산물은 뜨거운 물에 삶아서 실온에서 식힌다.
3 청포묵은 1.5cm 크기의 주사위 모양으로 썬 다음 뜨거운 물에 데치고 식힌다.
4 망고는 5mm 크기의 주사위 모양으로 썬다.
5 베이비 야채는 씻어서 체에 받쳐둔다.
6 접시에 청포묵, 오이, 해산물, 망고, 베이비 야채, 김가루 순으로 놓는다.
7 소이 드레싱을 주변에 뿌리면 완성된다.

Cooking Note

해산물을 삶을 때는 물에 소금을 넣어 간을 하고 레몬즙과 요리용 술을 넣으면 맛있게 삶아진다. 왜냐하면 해산물을 맹물로 삶으면 짠기가 빠져서 싱거워지기 때문이다.

재료 [2인분]

청포묵
모시조개 5개 / 새우 2마리 / 냉동 쭈꾸미 3마리 / 청포묵 200g / 오이 30g / 베이비 야채 20g / 망고 1/4개 / 김가루 1스푼 / 소이 드레싱 200ml

소이 드레싱
엑스트라 버진 올리브 오일 50ml / 조개국물 50ml / 진간장 3스푼 / 바질 2잎 / 배 1/4개 / 레몬즙 3스푼 / 설탕 2스푼

냉 샤브 샐러드

샐러드

검은깨(흑임자)는 병의 예방과 치료에 좋고, 뼈와 심장에 좋다. 또한 대변을 부드럽게 하고 항산화작용을 한다. 힘을 내게 하는 필수 아미노산이 많아서 남녀노소에게 좋은 건강 음식이다.

이렇게 만드세요!

1 드레싱 재료를 믹서에 갈아 고운 체로 걸러 검은깨 드레싱을 만든다.
2 양상추는 얇게 채썬다.
3 베이비 야채는 찬물에 담가서 물기를 뺀다.
4 된장과 물은 냄비에 넣고 끓인다.
5 살짝 얼린 쇠고기는 얇게 슬라이스한다.
6 4에 고기를 넣고 익으면 오렌지 주스에 담가 식힌 후 건져낸다.
7 배는 곱게 채썬다.
8 그릇에 야채를 담고 샤브 쇠고기와 배를 올린 다음 다진 호두를 뿌린다.
9 검은깨 드레싱을 뿌려 완성한다.

Cooking Note

고기를 된장물에 삶는 이유는 고기의 육즙을 최대한 뺏기지 않게 하기 위함이다. 또한 오렌지 주스에 담그는 이유는 된장의 맛을 오렌지 주스가 순화시켜 주기 때문이다.

재료 [2인분]

냉 샤브 샐러드
양상추 1장 / 베이비 야채 50g / 샤브용 쇠고기 100g / 다진 호두 1스푼 / 된장 50g과 물 300ml / 오렌지 주스 100ml / 배 1/4개

검은깨 드레싱
간장 3스푼 / 검은깨 50g / 물 200ml / 땅콩 버터 2스푼 / 다진 마늘 1/2티스푼

크림치즈 샐러드

샐러드

아이들은 야채를 잘 먹으려 하지 않는다. 야채 특유의 씁쓸한 맛을 좋아하지 않아서이고, 단맛에 길들여져 있기 때문인데, 과일 주스에 어린 야채를 넣어 조금이나마 아이들이 먹게금 도움이 되도록 아이디어를 내 보았다.

이렇게 만드세요!

1 주스 재료를 믹서에 갈아서 체에 내려 냉장고에 보관한다.
2 양상추는 손으로 잘게 찢은 후 흐르는 물에 씻어 물기를 빼둔다.
3 베이비 야채는 씻어서 물기를 빼둔다.
4 방울토마토는 2개를 반으로 자르고 그것을 또 반으로 잘라 8개가 되도록 한다.
5 샐러드용 볼에 양상추와 샐러드를 담고 주스를 붓는다. 그 다음에 오렌지, 치즈, 방울토마토로 장식하면 완성된다.

1

tip
페리에는 탄산수에 레몬향이 나는 수입 음료이다. 달지 않은 탄산수라 과일과 섞어서 음료를 만들면 좋다.

 재료 [2인분]

크림치즈 샐러드
양상추 1잎 / 베이비 야채 50g / 방울토마토 2개 / 오렌지 1/4개 / 크림치즈 50g

연시 주스
냉동 연시 또는 연시 1개 / 레몬 주스 2스푼 / 꿀 3스푼 / 페리에 50ml

소바 샐러드

샐러드

참치는 구우면 쇠고기 맛이 나는 생선이다. 또한 어류에 들어있는 DHA는 성장기 아이들의 두뇌에 아주 좋다. 그래서 아이들에겐 생선을 많이 먹여야 한다.

이렇게 만드세요!

1. 소바 국물 재료를 한번 끓여 실온에서 식힌다.
2. 냉동 참치를 녹인 후 참치에 참기름 한 스푼을 넣고 비벼 프라이팬에 센 불로 구워서 식힌다.
3. 계란은 지단을 부쳐 얇게 채썬 후 식힌다.
4. 영양부추는 손가락 두 마디 크기로 자르고 **3**과 섞는다.
5. 카펠리니 누들은 끓는 물에 2분간 삶아서 찬물에 담가 식힌 후 물기를 빼고 참기름을 떨어뜨려 서로 붙지 않도록 한다.
6. 적당한 그릇에 소바 국물을 담는다.
7. 접시에 한입 크기로 카펠리니 누들을 말아 놓는다.
8. 참치를 곁들여 놓고 **4**를 뿌리고 김가루를 얹으면 완성된다. 한입 크기로 만든 샐러드를 소바 국물에 담가 먹으면 된다.

Cooking Note

소바 국물 만드는 방법
- 대파의 흰부분과 생강은 석쇠에 구워 사용한다.
- 가쓰오부시를 뺀 나머지 재료를 냄비에 넣고 무가 익을 때까지 계속 끓인다.
- 가쓰오부시를 넣고 불은 끈 후 5분 정도 있다가 고운 체로 걸러서 식히면 완성된다.

재료 [2인분]

소바 샐러드
소바 국물 300ml / 카펠리니 누들 260g / 영양부추 약간 / 참치 50g / 계란 1개 / 참기름 2티스푼 / 김가루 1스푼

카펠리니 누들

소바 국물
설탕 30g / 청주 300ml / 간장 50ml / 물 300ml / 무 1/4개 / 대파 흰부분 1줄기 / 생강 1/3개 / 가쓰오부시 1줌

구운 과일 샐러드

샐러드

발사믹은 '향기가 좋다'는 이탈리아어로 항산화작용을 막는 폴리페놀을 많이 함유하고 있다. 암을 예방하는 음식이며 식초류는 꾸준히 먹는 것이 중요하다.

이렇게 만드세요!

1. 베이비 야채는 찬물에 씻어 체에 받쳐 둔다.
2. 키위, 망고, 바나나, 파인애플은 5mm 두께로 썰어 준비한다.
3. 과일 썬 것을 그릴이나 석쇠에 구워 식혀둔다.
4. 발사믹 식초를 프라이팬에 넣고 끓여 1/2로 졸이고, 꿀을 넣어 점성이 생기도록 하여 발사믹 소스를 만든다.
5. 접시에 올가닉 베이비 야채와 구운 과일을 예쁘게 담는다.
6. 과일 위에 발사믹 소스를 뿌리면 완성된다.

Cooking Note

발사믹 소스를 튜브에 담아서 음식에 그리듯이 뿌려주면 소스의 모양이 예쁘게 나와 왼쪽 그림과 같은 작품이 탄생한다.

재료 [2인분]

구운 과일 샐러드

키위 1개, 망고 1/3개, 바나나 1/3개, 파인애플 1/8개 / 베이비 야채 30g / 발사믹 식초 200ml / 꿀 2스푼

발사믹 식초

tip

만약 그릴이 없을 경우 석쇠에 구워도 되는데 올리브 오일을 살짝 바르면 과일이 잘 눌러 붙지 않는다.

수육 샐러드

샐러드

육류는 굽는 것보다 삶거나 찌는 것이 좋다. 고기를 오래 구우면 발암물질이 생길 수도 있지만 삶거나 찌면 고기의 불순물이 빠지기 때문에 발암물질이 생기지 않는다. 또한 부추와 돼지고기는 찰떡궁합인데, 돼지고기는 찬 성질의 식품이고 부추는 더운 성질의 식품이기 때문이다.

이렇게 만드세요!

1. 시추러스 드레싱 재료에서 방울토마토와 오렌지 주스를 믹서에 갈고 체에 내린 후 설탕 시럽으로 단맛을 조절한다.
2. 자몽, 오렌지는 과육만 2mm 주사위 크기로 자르고 1과 섞는다.
3. 통삼겹살은 냄비에 물을 충분히 잠길만큼 넣고 된장을 풀어 청주를 붓고 한번 끓이면 약한 불로 다시 삼겹살을 익힌다. 7~8분 가량 끓여 삼겹살이 익은지 확인한다.
4. 영양부추는 손가락 두 마디 크기로 자르고, 양상추는 씻은 후 슬라이스하여 섞는다.
5. 배는 얇게 슬라이스한다.
6. 접시 위에 야채를 깔고 삼겹살과 배를 번갈아 겹쳐 놓고 그 위에 영양부추를 얹는다.
7. 마지막으로 시추러스 드레싱을 뿌리면 완성된다.

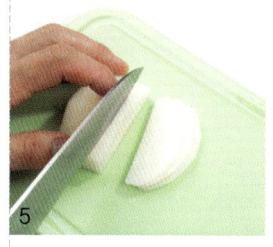
5

tip
아이가 고기만 먹고 야채를 싫어할 때는 어린 야채를 삼겹살에 숨겨 같이 먹이도록 한다.

 재료 [2인분]

수육 샐러드
통삼겹살 200g / 된장 150g / 물 100ml / 간 마늘 1티스푼 / 청주 50ml / 배 1/4개 / 영양 부추 20g / 양상추잎 2장 / 잣 약간

시추러스 드레싱
자몽 1/4개 / 오렌지 1/4개 / 방울토마토 5개 / 오렌지 주스 50ml / 설탕 시럽 적당량

치킨 샐러드

샐러드

유자에는 비타민 C가 레몬보다 세 배가 많고 노화와 피로를 방지하는 유기산을 함유하고 있다. 소화를 도와 식욕을 증진시키고, 또한 감기 예방에도 탁월한 알칼리성 식품이다.

이렇게 만드세요!

1. 드레싱은 재료를 잘 섞어서 준비한다.(믹서에 갈아도 된다.)
2. 닭 가슴살을 얇게 2~3장으로 포를 뜬 후 오렌지 주스에 담가 냉장고에 3시간 정도 재운다.(닭의 잡냄새를 제거하고 오렌지 주스의 향이 배이게 하기 위해서이다.)
3. 닭 가슴살은 오렌지 주스와 함께 프라이팬에서 삶듯이 익힌다.
4. 익힌 치킨을 식힌 후 잘게 손으로 찢는다.
5. 양상추를 잘게 채썰어서 베이비 야채와 섞어 얼음물에 담갔다 체에 받쳐 물기를 제거한다.
6. 샐러드용 그릇에 야채와 닭 가슴살 찢은 것을 섞어 담는다.
7. 건포도를 뿌린 후 유자 드레싱을 뿌리면 완성된다.

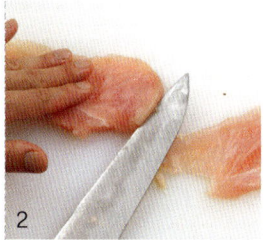

Cooking Note

닭 가슴살을 꼭 구울 필요는 없다. 오렌지 주스를 넉넉히 넣어 닭 가슴살을 삶아도 오렌지 향이 배어 맛이 있다.

 재료 [2인분]

치킨 샐러드
닭 가슴살 1개(100g) / 베이비 야채 30g / 양상추잎 2장 / 오렌지 주스 200ml / 건포도 10개

유자 드레싱
유자청 2스푼 / 엑스트라 버진 올리브 오일 3스푼 / 오렌지 주스 100ml

백합조개와 토마토 살사

핑거 푸드

백합은 백 가지 빗살무늬가 있다하여 이름이 붙여졌는데 철분, 핵산, 칼슘, 타우린 등 40가지의 아미노산이 들어있다. 핵산에는 세포 발육 증진에 필요한 단백질을 형성한다. 아이들에게는 세포의 성장을 돕고, 어른들은 노화 방지에 탁월하다.

이렇게 만드세요!

1 냄비에 해감시킨 조개를 넣고 물을 얕게 넣어 찌듯이 끓인다.
2 1이 끓어 조개가 입을 다 벌리면 불을 끄고 찬물에 식힌 다음 물기를 뺀다.
3 백합조개에 티스푼을 이용하여 살사를 조금씩 얹는다.
4 접시에 크레송을 넓게 깐 다음 살사를 올린 백합을 크레송 위에 고정시키면 완성된다.

[살사 만들기]

1 바질은 얇게 자른다.
2 오렌지 껍질은 잘게 잘라 채썰어서 뜨거운 물에 살짝 데치고 찬물에 식힌 다음 키친타월로 물기를 제거한다.
3 토마토 과육과 오렌지 껍질, 바질, 엑스트라 버진 올리브 오일을 섞고 소금으로 약간에 간을 하여 살사를 준비한다.

 tip

어패류는 6~9월까지가 산란기인데 산란기인 어패류는 독성을 가지고 있기 때문에 회로 먹으면 절대 안된다.

 재료 [2인분]

백합조개와 토마토 살사
백합 8개 / 토마토 1/4개 / 바질잎 3장 / 채썬 오렌지 껍질 1스푼 / 엑스트라 버진 올리브 오일 1스푼 / 소금 약간 / 크레송 50g

 Cooking Note

시추러스류, 즉 오렌지, 귤, 레몬, 유자 등을 시추러스라고 하는데 껍질 안쪽의 하얀 것을 제거하고 겉껍질을 얇게 잘라 채썬 것을 제스트라 한다. 샐러드 드레싱, 해산물과 잘 어울리는 음식이다.

 크레송

엔다이브 치즈 카나페

핑거 푸드

엔다이브는 수분을 보충해 주고 베타카로틴, 철분이 풍부하여 소화작용을 도와 위를 이롭게 하고 피부를 젊게 유지시킨다. 또한 빈혈, 심장을 비롯한 모든 신체 기관을 이롭게 해준다.

이렇게 만드세요!

1. 호두와 실파는 잘게 다진다.
2. 크림치즈와 다진 호두와 실파를 섞는다.
3. 엔다이브는 깨끗이 씻어 손질한다.
4. 크림치즈, 호두, 실파 섞은 것을 티스푼을 이용하여 사진과 같이 반추형으로 만들어 엔다이브에 올린다.
5. 카나페가 완성되면 접시에 예쁘게 담고 발사믹 소스를 뿌리면 완성된다.

4

tip

카나페란 주로 작은 빵이나 비스켓류가 받침이 되고 그 위에 음식물을 얹는 작은 요리로 한입에 먹을 수 있는 음식을 말한다.

 재료 [2인분]

엔다이브 치즈 카나페

필라델피아 크림치즈 100g / 엔다이브(작은 것) 5장 / 호두 3개 / 실파 2줄기 / 발사믹 소스 적당량 / 크레송 50g

 Cooking Note

- 엔다이브는 갈변현상이 잘 일어나는데, 손질 후 갈변현상을 막기 위해서는 우유에 담가놓으면 된다.
- 요리 과정 사진을 보면 스푼을 이용하여 반추형을 만드는데 왼손, 오른손으로 번갈아가며 모양을 잡는다.

엔다이브

아보카도 라이스 캔디

핑거 푸드

이 요리는 아보카도와 크림치즈, 망고, 밥 등으로 기본 영양소를 골고루 섭취할 수 있다. 크림치즈의 칼슘과 단백질, 망고와 아보카도의 비타민과 무기질, 밥의 탄수화물 등. 작은 요리지만 영양분은 골고루 갖춰져 있다.

이렇게 만드세요!

1. 망고 과육은 5mm 크기의 주사위 모양으로 썰고, 플레인 요거트와 꿀은 섞어 소스를 만든다.
2. 따뜻한 밥과 참깨를 섞은 후 식혀 놓는다.
3. 깻잎과 당근은 얇게 채썬 후 찬물에 담가서 살린 후 물기를 제거한다.
4. 비닐장갑을 끼고 밥 30g 정도 손 위에 펴고 그 안에 크림치즈를 조금 떼어서 넣고 볼을 만든 다음 아보카도를 올린다. 그렇게 대여섯 알을 만든다.
5. 랩으로 모양을 잡아주며 만든다.
6. 접시에 잘게 채썬 야채를 깔고 라이스 캔디를 올린 후 망고 소스를 뿌리면 완성된다.

4

재료 [2인분]

아보카도 라이스 캔디

밥 200g / 참깨 1티스푼 / 깻잎 5장 / 당근 1/3개 / 크림치즈 100g / 아보카도 1/2개 / 플레인 요거트 1개 / 망고 1/2개 / 꿀 적당량

아보카도

tip

크림치즈와 밥이 어떻게 어울릴까 하는 분들이 있을지 모르겠으나 치즈의 고소함이 쌀밥을 더욱 맛있게 하고 달콤한 소스가 더해져 치즈의 느끼함을 없애 준다.

오렌지 폰즈와 웰빙 부침개

핑거 푸드

아스파라거스는 영양의 보고라고 할 만큼 단백질부터 피로를 풀어주는 아스파라긴산, 비타민 C, B_1, B_2, 칼슘, 인, 칼륨 등의 무기질이 풍부하다. 혈압에 좋고, 이뇨작용 등 약용 효과가 탁월하여 옛 서양에서는 귀족들만 먹었다고 한다.

이렇게 만드세요!

1. 오렌지 폰즈 재료 중에 오렌지만 빼놓고 다 섞어서 설탕이 녹을 때까지 젓는다.
2. 설탕이 녹으면 오렌지 즙을 짜서 넣고 하루 정도 냉장고에 보관한다.
3. 아스파라거스는 껍질을 벗겨 채썰어서 뜨거운 물에 데친 후 찬물에 식혀 물기를 제거한 다음 볼에 넣고 가지와 단호박도 채썰어서 함께 섞는다.
4. 부침 반죽 재료를 섞고 3과 함께 다시 한번 섞은 후 반죽을 준비한다.
5. 프라이팬에 식용유를 조금씩 부어 중불로 달군 다음 숟가락으로 떠서 부침을 노릇노릇하게 구워서 그릇에 담는다.

4

tip
폰즈란 일본의 소스를 뜻한다. 회, 초밥을 먹을 때 간장에 찍어서 먹듯이 소스가 요리에 따로 나와 찍어 먹기도 하고 뿌려서 먹기도 한다.

재료 [2인분]

웰빙 부침개
아스파라거스 2줄기 / 가지 1/3개 / 단호박 50g /
식용유 2큰술

부침 반죽 재료
- 계란 1개
- 부침가루 100g
- 물 100ml
- 바질 3잎
- 참기름 1티스푼
- 소금 적당량

오렌지 폰즈
간장 40ml / 식초 40ml / 미림 20ml /
설탕 20g / 물 60ml / 오렌지 1/2개

미림

지중해 스타일 스푼 카나페

핑거 푸드

지중해를 끼고 있는 나라, 즉 그리스나 이태리는 해산물, 치즈, 토마토로 샐러드를 많이 해 먹는데 영양소를 골고루 섭취할 수 있고 맛이 담백하여 입 안의 풍미를 느낄 수 있다.

이렇게 만드세요!

1 체리 토마토는 껍질을 벗기고 속을 파내어 버린 다음 단단한 부분만 다진다.
2 새우는 삶아서 꼬리와 껍질을 제거한 후 다진다.
3 바질, 크림치즈, 오이도 잘게 다진다.
4 믹싱볼에 재료를 모두 담고 소금으로 간을 한 후 마요네즈와 섞는다.
5 오른쪽 그림과 같이 숟가락 두 개를 이용하여 예쁘게 만든다.
6 숟가락 밑에 크레송을 깐다.
7 접시에 모양내어 담으면 완성된다.

5

Cooking Note

스푼 두 개를 양손에 하나씩 들고 한 방향으로 왔다 갔다하면서 반추형 모양을 만든다. 이 방법은 고기류를 갈아서 수프 건더기로도 쓰이는 등 여러 요리에 사용된다.

 재료 [2인분]

지중해 스타일 스푼 카나페

체리 토마토 3개 / 크림치즈 100g / 새우 3마리 / 오이 30g / 바질 2잎 / 소금, 후추 약간 / 마요네즈 1/2스푼 / 크레송 약간

마요네즈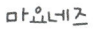

 tip

새우는 삶아서 타월로 물기를 제거하고, 다진 체리토마토도 타월로 물기를 제거한 후 크림치즈와 섞어야 물러지지 않는다.

튀긴 두부 카나페

핑거 푸드

두부에는 식물성 단백질과 필수지방산이 풍부하다. 또한 나트륨을 제한해서 먹어야 하기 때문에 우리나라 사람처럼 짠 음식 문화에는 꼭 곁들여야 하는 음식이다. 또한 칼슘이 많아 성장기 어린이에게는 최고의 식품이다.

이렇게 만드세요!

1 살사 재료에서 망고와 체리 토마토는 5mm 미만의 주사위 크기로 자른다.
2 나머지 살사 재료를 믹싱볼에 담아 스푼을 이용하여 골고루 섞어 드레싱을 준비한다.
3 프라이팬에 식용유를 두르고 쇠고기 갈은 것을 넣어 볶다가 요리용 술로 잡냄새를 없앤다.
4 김치는 물에 씻어 고춧가루를 없애고 물기를 꼭 짠 다음, 3에 넣어 볶으면서 소금, 후추로 간을 한 후 식힌다.
5 두부는 가로·세로 3cm, 두께 1cm로 자른 다음 티스푼을 이용하여 약간 파서 홈이 패이게 한 후 찹쌀가루를 무쳐서 식용유 180℃에서 30~40초 정도 튀긴다.
6 튀긴 두부 위에 볶아놓은 4를 올린 후 망고 살사를 올려 접시에 모양내어 담는다.

6

tip
살사란 칠레나 멕시코 음식으로서 매운 소스를 뜻한다. 하지만 여기서는 달콤한 소스로 변형시켰다.

재료 [2인분]

두부 카나페
두부 1/3모 / 쇠고기 갈은 것 200g / 김치 100g / 소금, 후추 약간 / 찹쌀가루 100g / 식용유 100ml / 요리용 술 1스푼

망고 살사
망고 1/3개 / 체리 토마토 3개 / 꿀 1/2스푼 / 엑스트라 버진 올리브 오일 2스푼

체리 토마토와 모차렐라 치즈

핑거 푸드

오래 전부터 유럽에서는 토마토와 연성 치즈를 같이 먹는 것이 남녀노소 누구나 즐겨먹던 음식이다. 거기에 바질을 더해 주면 더할 나위 없는 음식이 된다. 비교적 간단한 음식이지만, 대중적으로 많이 사랑받는 음식이다. 그리고 3가지 음식 재료는 완벽한 찰떡궁합이라 할 수 있다.

이렇게 만드세요!

1. 드레싱 재료를 믹서에 갈아 유자 드레싱을 준비한다.
2. 체리 토마토는 끓는 물에 5초간 데쳐서 얼음물에 담근 후 껍질을 벗긴다. 꼭지를 잘라내고 3등분해서 9개로 만든다.
3. 모차렐라 치즈 또한 체리 토마토와 비슷한 크기로 9등분한다.
4. 접시에 체리 토마토, 모차렐라 순으로 겹쳐서 담는다.
5. 4 위에 유자 드레싱을 스푼으로 올리고 채썬 바질을 올린다.
6. 다진 잣을 뿌리면 완성된다.

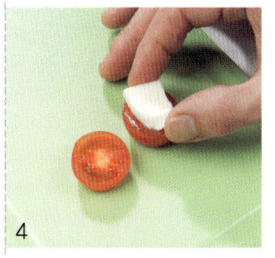

4

어느 치즈든지 다 마찬가지지만 모차렐라 치즈는 칼로리가 높다. 100g당 288 칼로리라서 많이 먹고 운동하지 않으면 비만이 되기 쉽다.

 재료 [2인분]

체리 토마토와 모차렐라 치즈
체리 토마토(큰 것) 3개 / 생 모차렐라 치즈 1/2개 / 잣 1/2스푼 / 바질 약간

유자 드레싱
유자청 2스푼 / 엑스트라 버진 올리브 오일 3스푼 / 오렌지 주스 100ml

모차렐라 치즈

쉐프가 추천하는 건강 식재료

1. 유기농 베이비 야채

30일 이내로 수확하는 어린 순 야채는 쓴맛보다 단맛이 많이 나며 씹기에 부드러워 누구나 좋아할 수 있는 식재료이다. 칼슘, 칼륨, 비타민A, 비타민C 등이 다량 함유되어 있어 아이들에게 면역성을 길러주고 신진대사에 좋아 소화를 도와준다. 또한 성장을 돕고 골격을 건강하게 해 주며 변비에도 효과적이다.

2. 자몽(그레이프 프루트)

포도송이처럼 열린다 해서 이름이 부쳐진 그레이프 프루트는 대부분 미국 플로리다에서 생산된다. 비타민 플라보노이드 성분이 많은 이 열매는 항균, 항알레르기 효과와 모든 질병의 원인이 되는 생체내 산화 작용을 억제한다. 모든 야채, 과일 중에서도 다섯 손가락 안에 뽑힐 정도로 좋다. 다만 수입 과정 때문에 겉껍질에 농약이 있을 수 있으니 깨끗하게 씻어서 과육만 섭취해야 한다.

3. 호두(월넛)

단백질, 비타민$_6$, 비타민E, 칼륨, 마그네슘, 구리, 아연 등 젊음을 유지하는데 도움이 되는 수많은 영양 성분을 함유하고 있다. 비타민$_6$는 기억력 증가, 심장기능 강화, 아연은 면역력을 강화해 준다. 성장기 아이의 두뇌를 위해서라면 견과류를 꾸준히 먹여야 한다. 하지만 껍질이 벗겨진 채로 실온에 오래 방치해 두면 산화되므로 껍질을 깐 상태로 오랜 시일을 방치하지 말아야 한다. 또한 견과류는 날것보다 굽거나 볶는 것이 영양소를 더 증가시켜 준다.

4. 요거트

한국 김치, 인도 렌즈 콩, 그리스 요거트, 스페인 올리브 오일, 일본 낫또류가 세계 5대 식품이라 알려져 있다. 이 말만 들어도 요거트가 좋은 식품인지 알 수 있다. 단백질, 칼슘, 인 등이 들어있어 성장기 발육, 뼈와 근육의 발달, 비만 예방, 장을 튼튼히 하여 신진대사를 활발하게 한다. 요거트에는 살아있는 박테리아 유산균과 비피더스 균이 있는데 면역기능 강화, 콜레스테롤 수치를 낮추고 심장병 예방에 좋아 남녀노소 누구에게나 더할 나위 없이 좋다.

5. 메주콩

콩으로 만든 요리도 무척이나 많다. 그 중 된장의 원료인 메주콩은 장수 음식으로 알려져 있는데, 식물성 고단백과 칼슘으로 인해 뼈를 건강하게 하며 신경계를 유지시켜 스트레스로부터 보호해 주고 콜레스테롤을 낮춰 주는 역할을 한다. 한 가지 주의할 점은 유전자 변형 콩은 되도록 먹지 않는 것이 좋다.

6. 서양자두 프룬

섬유질이 풍부한 음식으로, 황산화 효과가 매우 높으며 비타민A가 풍부하여 두뇌력 강화, 심장, 눈을 좋게 하고 철분이 많아 피로를 덜어준다. 또한 고농도의 칼륨은 혈압의 안정 수치를 유지시킨다. 아이들에게 가까운 곳에 두어 간식으로 수시로 먹도록 한다.

7. 아보카도

진짜 말이 필요 없는 식품이다. 오메가 지방산이 풍부하여 관절염 통증 완화, 피부 미용에 탁월하고, 항염 효과가 있다. 또한 콜레스테롤을 조절해 주고, 혈압의 정상 유지에 좋다. 그리고 마지막으로 두뇌력 강화에 더할 나위 없는 식품이다.

이 7가지 식품은 남녀노소에게 모두 좋은 식품이며, 건강을 유지하거나 예방, 치료에 도움이 되는 식품들이다.

Section

03

수프 & 파스타

   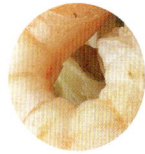

단호박 수프와 하드롤

수 프

베타카로틴, 비타민 C, 섬유질이 많은 단호박은 면역력을 증강시키고 심장 질환을 예방한다. 아이와 어른 누구에게나 좋은 음식이며 특히 어른들에겐 피부에 탄력을 주므로 자주 먹도록 한다.

이렇게 만드세요!

1 단호박은 껍질을 벗기고 씨를 파내고서 얇게 자른다.
2 양파는 잘게 채썬다.
3 냄비에 버터를 넣고 중불로 가열한 후 양파를 볶다가 단호박을 넣어 볶은 다음 물을 넣어 끓인다.
4 3을 자작하게 졸인 후 우유와 생크림을 넣고 끓인다.
5 5분 정도 약한 불로 끓이다가 소금을 넣고 간을 한 후 불을 끄고 60℃ 정도로 식힌 후 믹서에 간다.(뜨거울 때 믹서에 갈면 유리 재질의 믹서가 깨질 위험이 있으므로 조심해야 한다.)
6 하드롤의 윗부분을 잘라내어 속을 눌러 공간을 만들어 수프를 부으면 완성된다.

6

Cooking Note

빵 안에 수프를 부어 놓고 10분 이상 지나면 빵이 수프를 흡수하여 수프가 샐 수 있으니 항상 받침을 받쳐야 한다.

 재료 [2인분]

단호박 수프와 하드롤
단호박 1/4개 / 양파 1/2개 / 버터 1스푼 / 물 100ml / 우유 100ml / 생크림 100ml / 하드롤 큰 것 1개 / 소금 약간

 tip

하드롤은 오래 전부터 서양에서 많이 애용하던 빵으로서 버터, 잼 등과 같이 먹으면 맛있다. 예전 서양에서는 멀리 여행하는 동안에 먹었던 음식이라고 한다.

된장 콘소메 수프

수 프

물을 넣고 끓이는 음식은 내용물보다 국물에 영양이 더 많다. 다이어트를 하려면 건더기만 먹고 살을 찌우려면 국물과 같이 먹으면 된다. 성장기 아이들에게는 건더기와 국물을 동시에 먹여야 영양도 보충하고 비만도 예방할 수 있다.

이렇게 만드세요!

1 양파와 당근, 셀러리는 얇게 채썬다.
2 1과 쇠고기, 간 마늘, 요리용 술, 계란 흰자를 섞어 치대고 30분 정도 랩을 씌어 냉장고에 넣어둔다.
3 냄비에 식용유를 넣고 나머지 양파를 얇게 썰어 중불로 진한 갈색이 나도록 볶는다.
4 2에 물을 붓고 중불로 하여 나무주걱으로 눌러 붙지 않게 처음 1~2분만 젓는다.
5 내용물이 모이기 시작하고 떠오르면 젓지 말고 끓기 시작할 때 가운데 동전 크기만한 구멍을 뚫어준다.
6 5의 상태에서 약불로 보글보글 끓이면서 1/2 정도 양이 될 때까지 졸인 다음 거즈를 이용하여 거른다.
7 걸러서 된장으로 간을 하고 한 번 더 끓인 후 그릇에 담는다.

Cooking Note

- 요리 방법 5에 물이 펄펄 끓어오를 때 내용물이 물과 섞여서 탁해지는 경우가 있으니 뽀글뽀글 끓이듯이 하여 내용물이 물에 떠있게 해야 한다.
- 수프에 갈색이 나도록 볶은 양파를 넣고 바게트 빵 위에 치즈를 녹여서 만든 것을 얹으면 프렌치 어니언 수프가 된다.

 재료 [2인분]

된장 콘소메 수프
다진 쇠고기 300g / 양파 1/2개 / 당근 1/3개 / 셀러리 1줄기 / 계란 흰자 2개 / 간 마늘 1스푼 / 물 1000ml / 요리용 술 50ml / 된장 1스푼 / 식용유 1스푼

 tip

이 수프는 수프란 말보다 국이란 말이 더 잘 어울린다. 임산부나 어린 아이에게 밥과 함께 수프를 곁들이면 한끼 식사가 된다.

셀러리

메주콩 수프

수 프

암, 고혈압, 지방간, 심장 질환 예방 등 어른들에게도 메주콩이 좋지만 특히 유아나 아이들에게는 뼈를 튼튼하게 하며, 식물성 단백질이 콜레스테롤을 떨어뜨리고 뇌기능을 좋게 하므로 꾸준한 섭취가 필요하다.

이렇게 만드세요!

1. 백태(메주콩)와 땅콩은 물을 넉넉히 넣고 담가 12시간 동안 불린 후 냄비에 1000ml 물과 함께 백태가 푹 익을 때까지 끓인다.
2. 부드럽게 씹힐 때까지 익히고 땅콩과 생크림을 넣어 끓인다.
3. 믹서에 갈아서 고운 체에 거른 후 소금으로 간하면 수프가 완성된다.
4. 잣과 찬물, 바질 잎을 넣어 믹서에 갈아 놓는다.
5. 완성된 수프를 볼에 담고 **4**를 티스푼으로 떠서 모양을 내어 뿌려주면 완성된다.

1

Cooking Note

이 수프를 삶은 스파게티나 생면과 같이 요리하면 맛있는 메주콩 파스타가 된다.

재료 [2인분]

메주콩 수프
백태(메주콩) 150g / 물 1000ml / 땅콩 50g / 생크림 50ml / 잣 1스푼 / 바질잎 10장 / 소금 약간

메주콩

tip
콩을 물에 담가 불릴 때는 최소 3배 이상 물을 넣어야 한다. 콩은 최대 4배 이상 물을 먹고 불기 때문이다. 물을 넉넉하게 넣었다 생각했는데 그 다음날 보면 위에 있는 콩이 말라 있는 경우를 종종 보았을 것이다.

토마토 해산물 맑은 수프

수 프

목이버섯은 꿀이나 설탕에도 잘 어울리는데 지혈작용에 좋고 피를 맑고 건강하게 한다. 또한 기운을 북돋우고 몸안의 오장을 좋아지게 하여 기를 보하고, 몸을 가벼워지게 한다고 동의보감에도 실려있다. 씩씩하게 아이를 키우려면 목이버섯을 꾸준히 먹여 보자.

이렇게 만드세요!

1. 새우는 5mm 정도의 크기로 자르고, 쭈꾸미는 반으로 자른다.
2. 목이버섯은 잘게 손으로 찢는다.
3. 양파, 당근, 셀러리는 잘게 채썬다.
4. 냄비에 조개국물을 넣고 센 불로 끓인다.
5. 4에 간 마늘과 레몬즙, 새우, 쭈꾸미, 모시조개, 바질, 채썬 야채를 넣고 끓인다.
6. 5가 끓으면 약불로 한 뒤 해산물이 익었는지 확인한다.
7. 체리 토마토와 목이버섯을 넣고 한 번 더 끓인 다음 수프볼에 담으면 된다.

Cooking Note

토마토는 그냥 먹기도 하지만 굽거나 가열하여 먹기도 한다. 열에 가열되어도 영양성분이 잘 파괴되지 않기 때문이다.

 재료 [2인분]

토마토 해산물 맑은 수프
조개국물(75쪽 참조) 200ml / 새우 2마리 / 목이버섯 3장 / 쭈꾸미 3마리 / 바질잎 2장 / 양파 1/4개 / 당근 1/4개 / 셀러리 1/3줄기 / 토마토 소스(79쪽 참조) 2스푼 / 모시조개 5개 / 마늘 1티스푼

 tip

건목이버섯과 건표고버섯은 태양볕을 흡수하여 말린 것이기 때문에 생것보다 더 영양가가 있다.

검은깨 수프

수 프

두뇌를 좋게 하고 근육과 뼈를 튼튼하게 하는 검은깨(흑임자)는 칼슘이 우유보다 두 배 많고 필수 아미노산 또한 많이 함유하고 있다. 폐, 간장, 신장을 보호하며 허약한 체질을 건강하게 해 주는 우리 몸에 귀중한 먹거리이다.

이렇게 만드세요!

1 감자는 감자칼로 껍질을 벗긴 후 얇게 썬다.
2 양파는 얇게 썰어 냄비에 버터를 넣고 볶는다.
3 2에 검은깨와 감자를 넣고 볶는다.
4 3에 우유와 휘핑크림을 넣고 감자가 익을 때까지 끓인다.
5 4에 소금 간을 한 후 믹서에 곱게 갈아 체에 거른다.(고온에서는 믹서기 파손을 주의한다.)
6 접시에 스프를 담고 휘핑크림 1스푼을 스프 안에 그림을 그리듯 올리면 완성된다.

5

Cooking Note
견과류나 흑임자를 살짝 볶으면 고소한 맛을 더해 주고 생것의 비린내를 제거하여 준다.

재료 [2인분]

검은깨 수프
검은깨 50g / 감자 1/2개 / 휘핑크림 50ml / 우유 200ml / 버터 1스푼 / 양파 1/4개 / 호두 4알 / 소금 약간

tip
버터를 냄비에 넣고 너무 가열하면 타 버리기 때문에 시꺼먼 수프가 될 수도 있으니 주의하여야 한다.

검은깨

삼겹살을 곁들인 카펠리니

파스타

잣, 호두, 땅콩 등 견과류들은 자주 먹는 것이 좋다. 필수지방산이 많아서 두뇌 발달과 집중력을 길러주고 신진대사를 좋게 하며 정신적, 육체적으로 활력을 준다.

이렇게 만드세요!

1. 냄비에 500ml 정도의 물을 붓고 끓이다가 카펠리니를 넣고 2분 정도 삶는다. 다 삶아지면 차가운 물에 식힌다.
2. 1에 식용유 1스푼을 넣고 버무려 서로 달라 붙지 않도록 한다.
3. 소스는 재료를 모두 믹서에 3분 정도 갈아서 고운 체에 걸러 만든다.
4. 야채는 얇게 썬다.
5. 달궈진 냄비에 식용유 1스푼을 두르고 삼겹살을 넣고 볶는다.
6. 5에 요리용 술로 잡냄새를 없애고, 야채를 넣고 볶다가 소스를 넣어 끓으면 카펠리니를 넣고 1분 정도 익힌다.
7. 6에 소금으로 간을 한 후 파스타 볼에 담으면 완성된다.

3

Cooking Note

파스타 종류가 워낙 많지만 그 중 카펠리니를 선택한 것은 소면과 같이 얇아 먹기가 편하기 때문이다.

 재료 [2인분]

카펠리니 파스타
삼겹살 6장 / 양파 1/4개 / 청·홍피망 1/4개 / 표고버섯 1/2개 / 카펠리니 100g / 식용유 2스푼 / 소금 약간 / 요리용 술 1스푼 / 물 500ml

견과 소스
우유 200ml / 참깨 1스푼 / 잣 1스푼 / 호두 4알 / 땅콩버터 1스푼 / 생크림 50ml

해산물 쌀국수

파스타

엑스트라 버진 올리브 오일은 최상급의 올리브 오일로서 단일 불포화 지방과 비타민 E, 폴리페놀이 많아 심장에 좋고 모발 건강과 아이같은 피부 유지, 염증 완화에도 도움을 주므로 하루에 한두 스푼의 양을 먹으면 좋다.

이렇게 만드세요!

1. 쌀국수는 물에 4시간 동안 불려 놓는다.
2. 청피망, 홍피망은 얇게 채를 썬다.
3. 달궈진 프라이팬에 엑스트라 버진 올리브 오일(또는 식용유)을 두르고 해산물을 넣고 볶는다.
4. 요리용 술을 넣어 잡냄새를 없앤다.
5. 야채를 넣고 볶다가 불린 쌀국수를 넣는다.
6. 조개국물과 바질을 넣는다.
7. 볶다가 쌀국수가 다 익었는지 확인하고 마지막으로 엑스트라 버진 올리브 오일을 넣는다. 만약 싱거우면 소금 간을 한다.
8. 파스타 볼에 모양내어 담으면 완성된다.

 Cooking Note

조개국물 끓이기
냄비에 조개 10개와 조개가 잠길 정도로 물을 붓고 바질잎 3장, 대파 흰부분 1줄기, 요리용 술 1스푼, 간 마늘 1/2스푼을 넣고 2~3분 가량 약불로 끓인 후 거즈에 걸러서 완성한다.

 재료 [2인분]

해산물 쌀국수
쭈꾸미 2마리 / 새우 2마리 / 모시조개 3개 / 조개국물 100ml / 쌀국수(3mm) 100g / 청·홍피망 1/4개씩 / 숙주 50g / 엑스트라 버진 올리브 오일 2스푼 / 요리용 술 1스푼 / 바질 2잎

쌀국수는 베트남에서 많이 먹는 면으로 우리나라에서도 요즘 많이 사랑받고 있다. 칼로리가 밀가루에 비해 적기 때문에 여성분들이나 비만인 사람에게 좋기 때문이다.

키조개 된장 스파게티

파스타

키조개는 수심 15~50m의 바다 속 진흙 안에 사는데, 다량의 단백질과 필수 아미노산, 철분을 많이 함유하고 있어 성장기 어린이에게 좋다. 빈혈 예방에 좋고, 육류보다도 더 영양이 좋다고 알려져 있다. 우리나라 전라남도 장흥군 청정해역에서 많이 나온다.

이렇게 만드세요!

1 키조개는 관자를 물에 깨끗이 씻고 겉의 얇은 막을 제거한 후 얇게 자른다.
2 양파와 청피망, 홍피망은 얇게 자른다.
3 체리 토마토는 반으로 자르고 또 반으로 잘라 4등분한다.
4 달궈진 프라이팬에 엑스트라 버진 올리브 오일을 두르고 마늘을 볶다가 키조개를 넣어 볶는다.
5 요리용 술로 잡냄새를 없앤 후 야채를 넣어 함께 볶는다.
6 된장 풀어놓은 조개국물을 넣고 스파게티를 넣어 볶다가 토마토를 넣는다.
7 조개국물을 졸이면서 면을 익힌다.
8 파스타 볼에 모양내어 담고 바질로 장식하면 완성된다.

1

6

 재료 [2인분]

키조개 된장 파스타
키조개 관자 2개 / 양파, 청피망, 홍피망 1/4개씩 / 체리토마토 4개 / 스파게티 100g / 된장 푼 조개국물(75쪽 참조) 100ml / 엑스트라 버진 올리브 오일 1스푼(식용유 대체 가능) / 요리용 술 1스푼 / 간 마늘 1티스푼 / 바질 2잎

알파벳 파스타

파스타

감자는 우수한 알칼리 식품으로 칼륨, 철분, 마그네슘 등 무기질이 많다. 감자에 있는 비타민 B군과 비타민 C는 열을 가해도 잘 파괴되지 않는다. 식이섬유가 많아 변비, 설사 예방에 좋고 필수 아미노산이 동물성 식품과 맞먹을 정도로 많다.

이렇게 만드세요!

1 냄비에 물이 끓으면 알파벳 파스타를 넣고 5분간 삶아서 식힌다.
2 브로콜리는 잘게 잘라 끓는 물에 데쳐서 찬물에 식힌다.
3 베이컨은 1cm 크기로 자른다.
4 가열된 프라이팬에 엑스트라 버진 올리브 오일을 두르고 베이컨을 볶는다.
5 양파를 다져서 넣고 볶다가 요리용 술을 넣어 잡냄새를 없앤다.
6 알파벳 파스타를 넣고 볶는다.
7 토마토 소스를 넣고 끓이다가 생크림을 넣는다.
8 마지막으로 브로콜리를 넣고 소금 간을 한 후 파스타 볼에 담으면 완성된다.

Cooking Note

토마토 소스 만들기
냄비에 엑스트라 버진 올리브 오일을 두르고 통마늘을 으깨어 넣고 볶는다. 토마토 홀을 으깨어 넣고 바질을 넣고 끓으면 소금과 후추, 설탕으로 간을 하면 완성된다.
차갑게 식혀서 냉장고에 보관하면 3일 정도 사용 가능하고 냉동 보관해도 된다.

재료 [2인분]

알파벳 파스타
베이컨 1장 / 알파벳 파스타 100g / 양파 1/2개 / 브로콜리 1/2송이 / 토마토 소스 100ml / 엑스트라 버진 올리브 오일 1스푼 / 요리용 술 1스푼 / 생크림 1스푼 / 소금 약간

토마토 소스
캔 토마토(이탈리아) 300g / 통마늘 2개 / 바질잎 2장 / 소금, 설탕, 후추 약간 / 엑스트라 버진 올리브 오일 2스푼

베이컨

버섯 꼰낄리에

파스타

표고버섯은 자주 먹으면 장수한다고 할 정도로 좋은 음식이다. 표고버섯을 먹으면 감기에 효능이 있고 기침, 가래에 효과가 있다. 잠을 못 이루는 아이들에게 꾸준히 먹이면 좋다. 또한 햇볕에 말린 표고버섯은 비타민 D가 생성되어 뼈와 치아를 튼튼하게 한다.

이렇게 만드세요!

1 꼰낄리에는 냄비에 10분 동안 끓여 익힌 후 찬물에 담가 식힌다.
2 브로콜리는 잘게 잘라 뜨거운 물에 데쳐 차가운 물에 식힌다.
3 표고버섯은 슬라이스하고, 새송이버섯은 성냥개비 모양으로 썰고, 양파는 다진다.
4 가열된 프라이팬에 엑스트라 버진 올리브 오일을 두르고 양파 다진 것을 넣고 볶다가 버섯을 넣어 볶는다.
5 크림소스를 붓고 꼰낄리에를 넣어 끓이듯이 볶는다.
6 완성될 쯤 브로콜리를 넣고 휘휘 저어 파스타 볼에 담으면 완성된다.

Cooking Note

감자 크림소스 만들기
냄비에 감자를 슬라이스하여 넣고 나머지 재료를 넣어 끓인다. 감자와 통마늘을 푹 익혀서 믹서에 갈면 완성된다.

tip
꼰낄리에는 꼰낄리아라고도 불리는 소라 모양의 파스타이다. 구멍 안으로 소스가 들어가기 때문에 입 안에서 느껴지는 맛이 담백하다.

재료 [2인분]

버섯 꼰낄리에
감자 크림 소스 100ml / 브로콜리 5알 / 표고버섯 1개 / 새송이버섯 1개 / 꼰낄리에 100g / 엑스트라 버진 올리브 오일 1스푼 / 양파 1/4개 / 소금, 후추 약간

감자 크림 소스
우유 200ml / 생크림 200ml / 감자 1/2개 / 통마늘 2개

꼰낄리에

과일을 곁들인 콩국수

냉파스타

메주콩(백태)은 식물성 단백질과 식이섬유, 복합 탄수화물의 훌륭한 공급원이다. 어린이들에게는 뼈를 건강하게 해준다. 식물성 단백질은 고기를 먹는 것보다 더 좋을 만큼 콩의 효능은 남녀노소 누구에게나 병에 대한 치료와 예방에 좋다.

이렇게 만드세요!

1 요리하는 전날 메주콩은 4배의 물을 붓고 불린다.
2 메주콩은 냄비에 물을 잠길 정도로 넣고 숟가락으로 누르면 부서질 정도로 삶아서 익히면 찬물에 담가 식힌다.
3 모든 콩국물 재료를 믹서에 넣고 2분간 간 후 고운 체에 내려 차갑게 하여 준비한다.
4 오렌지는 껍질을 벗기고 과육만 자르고, 키위는 껍질을 까서 반으로 잘라 5mm 정도의 두께로 자른다.
5 소면은 끓는 물에 2분 정도 삶은 후 차가운 얼음물에 식힌 후 물기를 뺀다.
6 콩국물을 그릇에 담고 소면을 말아 넣은 후 오렌지와 키위를 보기 좋게 담는다.
7 베이비 야채를 깨끗이 씻어서 얹으면 완성된다.

재료 [2인분]

콩국수
콩국물 150ml / 베이비 야채 30g / 소면 100g / 오렌지 1/4개 / 키위 1/2개 / 건자두(프룬) 2개

콩국물
백태(메주콩) 150g / 밥 1스푼 / 물 200ml / 설탕 1스푼 / 소금 적당량

발사믹 식초에 대한 이야기

발사믹 식초의 숙성 과정

● **발사믹에 대한 유래**

이탈리아 식품으로 '향기가 좋다' 라는 뜻인데, 모데나 지방을 다스리던 에스테 공작의 철자가 발사믹 병에 쓰여 있는 것을 볼 수가 있는데 이탈리아산은 대부분 Aceto로 이름이 시작된다.

● **발사믹이 되기까지**

전통적인 발사믹은 최하 12년 이상 숙성시킨 식초인데, 값이 너무 비싸서 6년 이하의 것을 쓰기도 한다. 주원료는 트레 비아노종 포도로 이탈리아의 북부 에밀리아 로마냐 주의 모데나 지방과 레죠 에밀리아에서 전통적인 제조 기법으로 100년 동안 바뀌지 않고 있다. 포도를 건조시켜 단맛을 농축시킨 다음 압착하여 주스를 추출하고 주스 속의 설탕을 캐러멜화시키기 위해 졸이고 오크나무 통에 넣어 1년 동안 숙성시킨 다음 밤나무나 앵두나무로 된 작은 통으로 다시 옮겨 숙성시켜 만든다. 와인처럼 숙성 기간이 오래 될수록 좋다.

● **발사믹의 영양**

발사믹은 화학 성분이 전혀 들어가지 않기 때문에 포도에 함유되어 있는 폴리페놀이 그대로 함유되어 있어 혈관을 건강하게 지켜주고 동맥경화를 예방한다. 또한 심장에 좋아서 심장병 예방에 좋고 피부 미용, 피로, 빈혈 등에 효과가 있다. 야채류, 해산물류, 과일류 등 어느 음식과도 잘 어울리는 식품이다.

알아두면 편리한 파스타 요리 이름

- **아마트리치아나(amatriciana)** : 마늘, 베이컨, 페퍼로치니(이탈리아 고추), 토마토 소스와 치즈 가루가 들어간 파스타
- **스파게티 볼로네제(spagetti bolognese)** : 미트 소스와 야채가 들어간 스파게티
- **아라비아따(arrabiatta)** : 아라비아따라는 말은 이탈리아어로 '맵다' 라는 말로 토마토 소스가 기본이고 해산물이 주로 들어간 파스타
- **봉골레 비안코(vongole bianco)** : 봉골레는 모시조개나 바지락 같은 것을 뜻하고, 비안코는 백색의 재료로만 양념하는 것을 말하는데 올리브 오일 소스나 화이트 와인 소스가 이런 종류이다.
- **알리오 올리오(aglio olio)** : 마늘을 첨가하여 올리브 오일 소스로 맛을 내는 파스타
- **포모도로 디 마레(pomodoro di Mare)** : 포모도로는 토마토를 뜻하고, 마레는 바다를 뜻한다. 즉 해산물 토마토 파스타를 말한다.
- **마레 비안코(mare bianco)** : 화이트 와인 소스나 올리브 오일 소스에 해산물을 곁들인 파스타
- **까르보나라(carbonara)** : 베이컨이 주가 되고 소스는 크림으로 만들며, 마지막에 계란노른자를 넣어 엷은 노란빛이 나는 크림 파스타

그 밖에 쥬파(zuppa)라는 말은 수프를 뜻하고, 안티파스토(antipasto)는 에피타이저를 뜻한다.

Section
04

라이스 & 해산물요리

   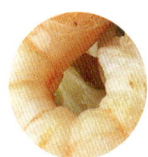

김치 게살 새우 볶음밥

라이스

종류에 따라 다르지만 새우에는 많은 칼슘이 들어있어 골다공증이나 골연화증을 막아주고 비타민이 풍부하여 성장기 어린이에게 좋은 음식이다. 저칼로리 고단백 식품으로 에너지 공급에 좋은 식품이다.

이렇게 만드세요!

1 김치는 물에 씻어 고춧가루를 털어내고 물기를 짠 다음 잘게 다진다.
2 새우는 새끼손톱 1/2 정도의 크기로 자른다.
3 일제 단무지는 잘게 다지고, 청피망은 2mm 두께의 주사위 모양으로 썬다.
4 가열된 프라이팬에 식용유를 두르고 물기를 뺀 게살과 새우를 볶는다.
5 요리용 술을 넣어 잡냄새를 없앤다.
6 다진 김치와 단무지, 청피망을 넣어 볶다가 밥을 넣어 볶는다.
7 충분히 볶은 후 소금으로 간을 한 다음 참기름으로 마무리하고 그릇에 담는다.

 재료 [2인분]

김치 게살 새우 볶음밥
게살 50g / 새우 3마리 / 김치 50g / 일제 단무지 30g / 식용유 1스푼 / 밥 100g / 소금, 참기름 약간 / 청피망 1/4개 / 요리용 술 1스푼

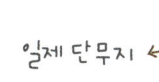
일제 단무지

 tip
일제 단무지는 일반 단무지보다 크기가 작고 누런 빛을 띠며 신맛과 짠맛이 덜하고 단맛은 약하다.

아보카도와 참치 비빔밥

라이스

아보카도는 피부에 좋은 음식으로 알려져 있다. 그 밖에도 좋은 성분이 많은데 칼륨으로 인한 혈압의 정상 유지와 필수 지방산으로 인해 항염 효과와 눈, 심장 질환에도 좋다. 윤기있는 머릿결을 위한다면 아보카도가 최고이다. 아이들에게도 어른들에게도 너무 좋은 음식이다.

이렇게 만드세요!

1. 블록 참치를 그릴에 굽는다.(프라이팬에 기름을 두르고 구워도 된다.)
2. 따뜻한 밥에 검은깨와 참기름, 오렌지 폰즈를 넣고 비빈다.
3. 2을 그릇에 예쁘게 담고, 그 위에 구워 둔 참치와 아보카도를 잘게 썰어 얹는다.
4. 3 위에 베이비 야채를 올리고 스위트콘을 얹으면 완성된다.

tip

블록으로 된 참치는 실온에 녹여서 참기름, 소금, 후추로 재워 프라이팬에 겉만 살짝 익히거나 석쇠를 달구어 그 위에 참치를 놓고 겉만 살짝 익힌다.

재료 [2인분]

아보카도와 참치 비빔밥

밥 100g / 참치 50g / 아보카도 1/4개 / 검은깨 1/2티스푼 / 오렌지 폰즈(51쪽 참조) 3큰술 / 참기름 1티스푼 / 베이비 야채 30g / 스위트 콘(캔) 1스푼

tip

마트나 백화점에서 블럭 냉동 참치를 고를 때 바람이 들어가 마른 것을 종종 볼 수 있다. 기간이 오래 되지 않아도 공기 접촉이 되면 마르기 쉽다. 또한 선분홍색이 아닌 적갈색을 띄는 것 또한 냉동과 해동이 반복된 원인이니 주의해야 한다.

스위트 콘

장아찌 소스의 안심 볶음밥

라이스

마늘은 알리신과 칼륨, 게르마늄 성분이 들어 있다. 이 중 알리신은 강한 살균작용과 혈압을 조절하는 성분이고, 칼륨과 게르마늄은 비타민 B_1과 결합 시 체내에 흡수하고 저장하여 몸이 지칠 때마다 사용하는 성분이다. 또한 아토피, 알레르기를 예방하고 소화작용을 촉진시킨다.

이렇게 만드세요!

1. 소안심은 5mm 크기의 주사위 모양으로 썬다.
2. 새송이버섯은 좀 더 조그맣게 썬다.
3. 가열한 프라이팬에 식용유를 두르고 소안심과 새송이버섯을 볶다가 밥을 넣어 볶는다.
4. 마늘 장아찌 소스로 간을 맞춘다.
5. 참기름을 넣어 마무리한다.
6. 5를 그릇에 담고 깻잎을 잘게 썰어 그 위에 뿌리면 완성된다.

3

 Cooking Note

안심은 너무 볶으면 질겨지므로 프라이팬에 살짝 볶는다. 안심이 없을 경우 등심도 가능하다.

 재료 [2인분]

안심 볶음밥
소안심 50g / 요리용 술 1스푼 / 식용유 1스푼 / 새송이 버섯 1개 / 마늘 장아찌 소스 1~2스푼 / 밥 100g / 참기름 1스푼 / 깻잎 2장

새송이버섯

tip

마늘 선이라고 불리는 우리 민속 음식인 마늘 장아찌는 일반적으로 짜다고 생각하지만 짠맛보다 새콤달콤한 맛이 나므로 조금씩 넣어 간을 맞추면 맛이 일품이다.

아스파라거스 리조또

라이스

밤은 5대 영양소가 균형있게 포함되어 있는 식품으로 비타민 B, C를 많이 함유하고 있다. 피로회복과 소화작용에 좋아 신진대사가 잘되어 설사 예방에 좋으며 아이의 이유식으로도 좋다. 식욕을 돋아주고 혈색을 좋게 하니 아스파라거스와 잘 어울린다.

이렇게 만드세요!

1. 아스파라거스는 껍질을 까서 잘게 자른 후 뜨거운 물에 살짝 데쳐 차가운 물에 담가 식힌다.
2. 찐 햇밤은 잘게 다진다.
3. 가열한 프라이팬에 엑스트라 버진 올리브 오일을 두르고 다진 양파를 넣어 볶는다.
4. 아스파라거스와 같이 볶는다.
5. 밥과 아스파라거스 국물을 넣고 졸이듯이 윤기나게 볶는다.
6. 다진 밤과 파마산 치즈를 넣고 소금 간을 한 후 그릇에 모양내어 담으면 완성된다.

Cooking Note

아스파라거스 국물 만들기
치킨육수 200ml에 아스파라거스 껍질, 양파 1/4개를 냄비에 넣고 끓이다가 아스파라거스 껍질이 부드러워지면 시금치 50g과 함께 믹서에 넣고 갈아 체에 내린 후 그릇에 담아 얼음물에 식히면(너무 뜨거우면 색깔이 변함) 완성된다.

재료 [2인분]

아스파라거스 리조또
아스파라거스 2개 / 찐 햇밤 2개(통조림도 가능) / 밥 100g / 아스파라거스 국물 50ml(물로 대체 가능) / 파마산 치즈 1스푼 / 다진 양파 1스푼 / 엑스트라 버진 올리브 오일 적당량 / 소금, 후추 약간

아스파라거스는 비싼 야채이다. 아스파라거스끼리 함께 랩으로 싸면 쉽게 물러진다. 용기에 담아 보관하거나 그릇에 펼쳐서 랩으로 덮어 냉장 보관하는 것이 좋다.

황태 보푸라기 리조또

라이스

대관령 황태는 단백질이 56%이고 지방 함량은 2% 정도이다. 현대인의 공해에 찌든 몸을 해독시키고, 음식물에 잔류하는 농약을 완화시킨다. 콜레스테롤은 거의 없는 식품이다. 신진대사를 강화시켜 주며 머리를 맑게 해 주는 효능도 지니고 있다.

이렇게 만드세요!

1. 브로콜리를 잘게 자른 다음 뜨거운 물에 데친 후 찬물에 식혀 물기를 뺀다.
2. 프라이팬에 엑스트라 버진 올리브 오일을 두르고 보푸라기를 넣고 요리용 술을 넣어 잡냄새를 없앤다.
3. 표고버섯, 홍피망을 넣어 볶다가 황태 육수를 붓는다.
4. 밥을 넣고 졸이듯이 볶다가 브로콜리를 넣는다.
5. 참기름을 넣어 마무리하고 그릇에 모양내어 담는다.

 tip
보푸라기가 없을 경우 황태채 부드러운 부분을 물에 살짝 적셔 칼등으로 두드려 연하게 한 다음 손으로 가늘게 찢은 후 말리면 된다.

 재료 [2인분]

황태 보푸라기 리조또
황태 보푸라기 30g / 엑스트라 버진 올리브 오일 1스푼 / 표고버섯 1/2개 / 홍피망 1/4개 / 브로콜리 1/2송이 / 황태 육수 50ml(물로 대체 가능) / 밥 100g / 요리용 술 1스푼 / 소금, 후추 약간 / 참기름 1스푼

 **Cooking Note**

황태 육수 만들기
양파 1/4개, 통마늘 1개, 황태채 1000g, 물 700ml, 당근 1/4개, 월계수잎 1장, 요리용 술 30ml를 냄비에 넣고 1/2이 될 때까지 끓인 후 체에 거르면 완성된다.

황태 보푸라기

새우를 올린 스시롤

라이스

시중에서 가장 많이 팔리고 대중적인 새우 스시롤을 어린이들이 먹기좋게 만들었으며 집에서도 쉽게 만들 수 있도록 하였다. 집에서도 간단히 준비하여 쉽게 만들어 보자.

이렇게 만드세요!

1. 마요네즈와 물기를 짠 크래미를 섞는다.(크래미가 뭉치지 않도록 한다.)
2. 오이는 껍질을 벗겨 가늘게 채썰고, 밥은 단초물에 비벼 준비한다.
3. 일회용 비닐장갑을 끼고 도마 위에 김을 놓고 단초물에 비벼놓은 밥을 김 위에 편 다음 펴놓은 밥 위에 깨를 뿌린 후 뒤집는다.
4. 중앙에 크래미와 오이채, 아보카도를 쭉 펴서 올린 다음 밑에서부터 말아올린다.
5. 초밥용 새우는 물기를 꼭 짜서 꼬리를 딴 후 4 위에 토핑한다.
6. 5 위를 랩으로 덮고 김발로 모양을 잡은 후 한입 크기로 자른다.
7. 한입 크기로 자른 롤을 접시에 예쁘게 담고 간장을 곁들이면 완성된다.

3

6

 재료 [2인분]

스시롤
마요네즈 1스푼 / 크래미 50g / 따뜻한 밥 100g / 오렌지 단초물(103쪽 참조) 2스푼 / 김 1/2장 / 아보카도 3장 / 초밥용 새우 5마리 / 참깨 1티스푼 / 간장 30ml

● ● **기본 롤 만들기**
▶ 밥 위에 재료를 놓고 말 때에 엄지와 검지는 아래쪽을 들면서 양손의 나머지 세 손가락은 내용물이 흐트러지지 않도록 잡으면서 중앙으로 오도록 한다.
▶ 롤을 토핑하고 칼로 자를 때는 한 번에 당기고 밀어서 잘라야 토핑이 흐트러지지 않는다.

초밥용 새우

중화풍 쭈꾸미 가지 덮밥

라이스

쭈꾸미는 옛 말에 '죽금어'라고 불렸다고 한다. 효능은 불포화지방산과 DHA가 다량 함유되어 있고 타우린과 필수아미노산이 많아서 아이들 시력 보호, 피로 회복에 좋으며 철분이 많아 빈혈에도 효과가 있다. 또한 지방이 1%밖에 없어서 비만인 아이에게도 안심하고 먹일 수 있다.

이렇게 만드세요!

1. 쭈꾸미는 2등분하고, 가지와 청경채는 얇게 썬다.
2. 가열된 프라이팬에 식용유를 두르고 쭈꾸미를 볶는다.
3. 가지를 넣고 볶다가 요리용 술을 넣어 잡냄새를 없앤다.
4. 굴소스를 넣고 볶다가 물을 붓는다.
5. 물 전분으로 농도를 맞춘다.
6. 마지막으로 청경채와 참기름을 넣고 마무리한다.
7. 미리 그릇에 담아놓은 밥에 6을 얹으면 완성된다.

Cooking Note

쭈꾸미는 오래 가열하면 질겨지는 음식이다. 되도록 빨리 볶아서 소스를 만들어 밥에 얹어야 한다.

 재료 [2인분]

쭈꾸미 가지 덮밥
쭈꾸미 5마리 / 가지 50g / 밥 100g / 청경채 3장 / 물 50㎖ / 굴소스 1스푼 / 요리용 술 1스푼 / 물 전분 1스푼 / 식용유 1스푼 / 참기름 1티스푼

 tip

중국 음식은 전분을 물에 타서 많이 사용하는데 물 전분이 많이 들어가면 음식이 떡처럼 되어 버리고 또한 뜨거운 음식에 한 곳으로 들어가 풀어지지 않으면 멍울이 생기기 때문에 물 전분을 잘 개어서 음식에 사용해야 한다.

프로슈토를 곁들인 오니기리

라이스

프로슈토는 이탈리아의 대표적인 건조 숙성 햄인데 훈제가 아니고 생고기를 염장하여 반건조한 것으로 얇게 슬라이스하여 판매를 하기도 한다. 소금과 지중해 햇볕, 그리고 아무것도 첨가하지 않은 상태로 가공되어 유통기한이 짧은 것이 특징이다.

이렇게 만드세요!

1. 단초물 재료에서 오렌지, 레몬을 뺀 나머지를 냄비에 넣는다.
2. 중불에 주걱으로 설탕을 녹이면서 한번 보글보글 끓인 후 불을 끈다.
3. 다시마를 씻어 2에 넣고 실온에 식힌 다음 오렌지와 레몬즙을 짜서 섞어 넣는다.(12시간 정도 숙성시키면 좋다.)
4. 프로슈토는 1cm 정사각형 크기로 자른다.
5. 표고버섯은 다져서 살짝 볶는다.
6. 오니기리 재료를 믹싱볼에 넣어 잘 섞은 다음 50g씩 떼어 내어 동그랗게 만든다.
7. 6을 프라이팬에 엑스트라 버진 올리브 오일을 넣고 겉부분만 구어 예쁘게 만든 후 그릇에 담아낸다.

tip
오니기리
쉽게 말하면 우리나라의 주먹밥과 비슷하다.

재료 [2인분]

오니기리
밥 150g / 프로슈토 2장 / 파마산 치즈 1스푼 / 참깨 1티스푼 / 스크램블 1스푼 / 표고버섯 1/2개 / 오렌지 단초물 50ml / 엑스트라 버진 올리브 오일 2스푼 / 실파 약간

오렌지 단초물
식초 130ml / 미림 30ml / 설탕 100g / 소금 30g / 오렌지 1/2개 / 레몬 1/2개 / 다시마(손바닥 크기) 1장

프로슈토

레몬 크림 소스의 가리비 찜

해산물요리

조개 중 보신 음식으로 뽑히는 가리비는 요즘 수입산도 많아서 쉽게 접할 수 있는데, 허약 체질 개선에 좋은 음식이다. 또한 칼륨 성분이 많아 소갈이라 하여 소변의 양이 많은 아이에게는 소변의 양을 조절할 수 있도록 해 준다.

이렇게 만드세요!

1 생가리비는 흐르는 물에 씻어 끓는 물에 30초 정도 데친다.
2 은행은 잘게 다진다.
3 미니 파프리카는 얇게 자른다.
4 소스용 팬에 마요네즈와 레몬즙을 넣고 살짝 끓인다.
5 연유로 단맛을 조절하고 소스를 완성시킨다.
6 데친 가리비를 접시에 담고 소스를 뿌린다.
7 얇게 자른 미니 파프리카를 올리고 다진 은행을 뿌린다.

6

Cooking Note

레몬 크림소스는 새우 튀김에도 어울리며 레몬즙 대신 에스프레소 커피를 넣어도 맛있는 소스가 된다.

재료 [2인분]

가리비 찜
생가리비 5개 / 마요네즈 2스푼 / 연유 1스푼 /
은행 3개 / 레몬즙 1스푼 / 미니 파프리카 1개

tip

마요네즈는 주성분이 식용유와 계란 노른자로 되어 있어서 불에 의해 가열이 되면 금세 눌어 타 버리기 쉽다. 때문에 중불로 저어가면서 소스를 만들어야 한다.

미니 파프리카

토마토 소스의 해물찜

해산물요리

해산물과 콩나물, 미나리는 궁합이 잘 맞는 음식이다. 새우와 가리비는 힘을 내게 하는 강장식품이고 모시조개와 콩나물에는 타우린 성분과 아스파라긴산이 함유되어 있어 간을 보호한다. 거기에다 토마토의 비타민까지 더하기 때문에 성장기 어린이나 허약체질 개선을 도와주는 최고의 음식이다.

이렇게 만드세요 !

1 조개는 미리 해감을 시킨다.
2 가리비는 껍질을 깨끗이 씻는다.
3 콩나물과 미나리는 흐르는 물에 깨끗이 손질한다.
4 뚜껑있는 냄비에 껍질 깐 새우와 생가리비, 조개와 물, 간 마늘과 콩나물을 넣고 한소끔 끓인다.
5 4에 토마토 소스를 넣고 끓이면서 나무주걱으로 저어가며 졸인다.
6 마지막으로 미나리를 넣고 뚜껑을 닫아 한소끔 끓여서 미나리가 익으면 모양내어 접시에 담는다.

4

Cooking Note

콩나물을 처음부터 너무 볶으면 쪼그라들어 질겨진다. 살짝 끓여서 건져놓고 마지막에 살짝 섞어서 먹으면 좋다.

 재료 [2인분]

해물찜
토마토 소스(79쪽 참조) 150g / 간 마늘 1티스푼 / 콩나물 50g / 미나리 50g / 새우 2마리 / 생가리비 2개 / 모시조개 3개 / 물 100ml

 토마토 소스

 tip
미나리를 오래 끓이거나 익히면 질겨진다. 해산물 또한 오래 끓이면 수축하기 때문에 볼품이 없고 찢겨지거나 탄력이 없어진다.

107

오렌지 소스의 삼치 스테이크   해산물요리

등푸른 생선에는 불포화 지방산인 다량의 DHA와 오메가 산을 많이 함유하고 있는데, DHA는 성장기 어린이의 두뇌와 신경계통에 작용하여 기억력을 높여 준다. 똑똑하게 키우고 싶다면 등푸른 생선을 많이 먹이도록 한다.

이렇게 만드세요!

1. 요리용 술, 잘게 채썬 레몬 껍질과 오렌지 껍질, 간 마늘과 소금 등을 골고루 섞은 뒤 손질된 삼치에 바른 후 랩으로 싸서 냉장고에 30분 정도 재운다.
2. 양념에 재워질 동안 오렌지 주스를 소스 팬에 끓이고 꿀을 넣어 1/2이 되게 졸이면서 적당한 농도를 만든다.
3. 가열된 프라이팬에 식용유를 넣고 1의 생선을 앞, 뒤로 불에 굽고 익을 때까지 뚜껑을 덮어 놓는다.
4. 생선이 익은 후에는 오렌지 껍질과 레몬 껍질을 털어낸다.
5. 숙주는 뜨거운 물에 데치고, 느타리버섯과 숙주를 살짝 볶는다.
6. 접시에 얹은 야채 위에 구운 삼치를 올린 후 소스를 뿌리고 잘게 썬 오렌지 과육을 뿌린다.
7. 마지막으로 생크림을 주변에 뿌리면 완성된다.

Cooking Note

생선이나 고기는 처음 구울 때는 센 불에서 앞뒤로 굽고 그 다음에 오븐에서 익힌다. 그래야 육즙이 빠져 나가지 않아 맛이 있다.

 재료 [2인분]

삼치 스테이크
삼치 1토막(150g) / 요리용 술 2스푼 / 레몬·오렌지 껍질 1스푼 / 마늘 1스푼 / 숙주나물 50g / 느타리버섯 2줄기 / 소금 1티스푼 / 식용유 2스푼 / 후추 약간

오렌지 소스
오렌지 주스 100ml / 꿀 2스푼 / 오렌지 과육 1스푼 / 생크림 1스푼

→ 숙주 나물

모둠 해산물 야채 볶음

해산물요리

중식요리는 웍(Wok)이란 프라이팬과 센 불로 거의 모든 요리를 하는데, 장점은 센 불로 빨리 요리하기 때문에 영양 손실을 최대한으로 줄일 수 있다. 마찬가지로 가정집에서도 프라이팬 사용 시에는 센 불에서 조리하는 게 더 좋다.

이렇게 만드세요!

1 쭈꾸미는 반으로 자르고, 나머지 해산물은 깨끗이 씻는다.
2 새송이버섯은 1cm 크기의 주사위 모양으로 썬다.
3 가열된 프라이팬에 식용유를 넣고 마늘과 함께 해산물을 볶는다.
4 요리용 술로 잡냄새를 없앤 후 체리 토마토와 새송이버섯을 넣고 볶는다. (잘 볶아지지 않으면 물을 2스푼 정도 넣으면 잘 볶아진다.)
5 굴소스를 넣고 볶아 해산물과 야채를 익힌다.
6 청경채를 넣고 참기름으로 마무리한다.

Cooking Note

해산물과 어패류는 본래 짠기를 갖고 있는데 원래의 맛을 지키기 위해 밑간을 하여 해물 본래의 맛을 유지시킨다.

 재료 [2인분]

해물찜
새우 2마리 / 백합 4개 / 쭈꾸미 2마리 / 새송이버섯 1개 / 청경채 3장 / 체리 토마토 3개 / 마늘 1티스푼 / 식용유 1스푼 / 참기름 1티스푼 / 요리용 술 1스푼 / 굴소스 1스푼

 tip

쭈꾸미는 초봄이 제철인 식재료이다. 쭈꾸미는 물에 끓이거나 불로 조리하면 금방 질겨지므로, 빠른 시간 안에 조리하여야 한다. 또한 함께하는 토마토는 뜨거운 물에 데쳐 먹는 질감을 살려준다.

새송이버섯

코코넛 크림과 굴튀김

해산물요리

굴은 '바다의 우유'라고 해서 완전식품이다. 굴에 들어있는 요오드는 갑상선에 좋고 머리칼을 윤기 있게 해 준다. 작은 굴에 많이 들어있는 아연은 에너지를 주고, 비타민 C, E는 시력 저하와 피부 트러블을 막아준다.

이렇게 만드세요!

1 다진 피클은 물기를 꼭 짜서 나머지 크림 재료에 섞은 후 꿀을 약간만 넣어 따뜻하게 데워 크림 소스를 만든다.
2 신선한 석화는 소금물에 담가 씻은 후 떼어낸 다음 물기를 제거하고 레몬즙을 뿌린다.
3 계란 흰자는 스테인레스 볼(bowl)에 담아 거품기로 쳐서 거품을 낸 다음 소금과 잘게 자른 바질을 넣어 섞는다.
4 3에다 굴을 묻치고 빵가루를 골고루 입힌다.
5 조그마한 냄비에 식용유를 넣고 170~180℃로 튀김 온도를 만든 다음 굴을 넣고 나무젓가락으로 앞, 뒤로 바삭하게 튀긴다.
6 크레송을 접시에 깔고 튀긴 굴을 올린다.
7 크림 소스를 스푼으로 뿌려주면 완성된다.

 Cooking Note

석화나 생굴은 흐르는 물에 씻고 소금물에 한번 헹구듯 씻어 체에 받쳐 물기를 최소화하는 것이 굴 씻는 방법이다.

 재료 [2인분]

굴튀김
석화 6개 / 바질잎 2장 / 빵가루 100g / 레몬즙 1/2스푼 / 계란 흰자 2개 / 소금 1티스푼 / 크레송 50g / 식용유 300㎖ / 간 마늘 1티스푼

코코넛 크림 소스
마요네즈 1스푼 / 코코넛 밀크 2스푼 / 다진 피클 1스푼 / 꿀(당도 조절용) 적당량

크레송

가지와 떡갈비 구이

육류요리

가지는 열이 많고 땀이 많이 나는 아이에게 좋고 스폰지와 비슷한 조직으로 되어 있어 식물성 기름과 같이 요리하면 비타민 E와 리놀레산을 많이 흡수하여 콜레스테롤을 낮춰 준다. 하지만 주의점은 기관지 기능을 약하게 하는 성분이 있어 천식이 있고 기침하는 어린이에게는 맞지 않다.

이렇게 만드세요!

1 소등심은 칼로 곱게 다진다.
2 1에 실파, 간 마늘, 소금, 후추, 밀가루와 함께 섞어 치대고, 30g씩 떼어 내어 네모지게 만들어 준비한다.
3 간장, 설탕, 배를 믹서에 갈아서 체에 내려 떡갈비를 20분 정도 재워 냉장고에 둔다.
4 가지는 포를 뜬 후 소금, 후추 간을 한 다음 프라이팬에 엑스트라 버진 올리브 오일을 두르고 앞, 뒤로 굽는다.
5 재운 떡갈비도 프라이팬에 굽는다.
6 떡갈비를 가지로 돌돌 말아서 한입 크기로 준비한다.
7 참기름과 실파를 뿌려 주면 완성된다.

4

Cooking Note

떡갈비를 구울 때 잘 부서지는 경우가 있는데 그 이유는 치댈 때 밀가루가 제대로 섞이지 않아서이다. 점성이 생기게 잘 치대야 한다.

 재료 [2인분]

떡갈비 구이

가지 1/2개 / 소등심 150g / 간 마늘 1/2스푼 / 밀가루 1/2스푼 / 실파 1/2스푼 / 간장 50ml / 설탕 1/2스푼 / 배 1/4개 / 참기름 1/2스푼 / 소금, 후추 약간 / 엑스트라 버진 올리브 오일 1스푼

떡갈비를 양념장으로 재울 때는 오래 재우면 짜서 안 되고 만약 간이 약하다 싶으면 양념장을 데워서 소스처럼 조금 뿌려주면 된다.

소등심

더덕 소스의 항정살 구이

육류요리

더덕에 있는 사포닌 성분은 폐와 기관지를 보호하고 질병에 대한 강한 면역력을 길러 준다. 기침을 하고 가래가 있는 어린이에게 먹이면 좋다. 또한 이 두 식재료는 잘 알려지지 않았지만 찰떡궁합의 식재료이다.

이렇게 만드세요!

1. 우유와 생크림을 섞은 후 더덕을 잘라 믹서에 갈아 고운 체에 내려 더덕 소스를 만든다.
2. 토마토는 씨를 제거하고 살만 다져 준비한다.
3. 베이비 야채는 물에 씻어 준비한다.
4. 항정살은 얇게 잘라 준비한다.
5. 프라이팬을 달군 뒤 식용유를 두르지 않고 소금, 후추 간을 한 후 항정살을 올려 앞, 뒤로 노릇하게 굽는다.
6. 더덕 소스를 따뜻하게 데운 뒤 꿀로 단맛을 조절한다.
7. 구운 항정살과 베이비 야채를 접시에 담고 더덕 소스를 뿌린다.
8. 7에 다진 토마토를 뿌려주면 완성된다.

5.

 Cooking Note

항정살을 프라이팬에 구울 때 기름을 두르지 않는 이유는 항정살 자체에 지방, 즉 기름을 많이 지니고 있어 그냥 구워도 무방하다.

 재료 [2인분]

항정살 구이
항정살 150g / 더덕 2뿌리 / 생크림 50ml / 우유 50ml / 꿀 적당량 / 베이비 야채 30g / 토마토 1/4개 / 소금, 후추 약간

항정살은 돼지고기의 한 부위로, 몇 년 전부터 맛있는 부위라 하여 인기가 높다. 한 마리당 1kg 미만으로 나오는 데 돼지 목에서 가슴으로 내려오는 부위로 삼겹살처럼 층이 있는 게 아니라 살과 지방이 섞여 있어서 고소한 맛이 일품이다.

항정살

쇠고기 야채 볶음

육류요리

이 음식은 쇠고기의 단백질, 야채의 비타민, 탄수화물과 무기질 등 영양을 고루 갖추고 있다. 땅콩의 식물성 단백질은 쇠고기의 동물성 단백질의 콜레스테롤을 저하시켜 주는 역할을 한다.

이렇게 만드세요!

1 안심, 청피망, 새송이버섯은 성냥개비 모양으로 5mm 정도의 두께와 5cm 길이로 자른다.
2 체리 토마토는 반으로 잘라서 준비한다.
3 식용유를 프라이팬에 두르고 센 불에 고기와 마늘을 볶는다.
4 3에 야채를 넣고 볶다가 쯔유를 넣어 간하며 볶는다.
5 마지막으로 참기름을 넣어 마무리한다.
6 접시에 음식을 담고 땅콩가루를 골고루 뿌려주면 완성된다.

Cooking Note

숙주는 뜨거운 국물요리와 볶음요리에 사용되는데 녹두의 싹인 숙주는 다이어트 식단과 동물성 단백질류에 잘 어울리는 식재료이다.

 재료 [2인분]

쇠고기 야채 볶음
안심 100g / 체리 토마토 3개 / 숙주 30g / 간 마늘 1티스푼 / 청피망 1/4개 / 땅콩가루 1스푼 / 새송이버섯 1개 / 쯔유 20ml / 식용유, 참기름 1티스푼

 tip

쯔유는 일본에서 수입된 요리용 간장으로 대형 마트나 백화점에서 판매한다. 이것은 가다랭어포를 넣었기 때문에 깊은 맛이 나며 진한 간장이 아니라 희석된 간장 소스로 어느 요리에나 잘 어울린다.

쯔유

치킨 가라아게

육류요리

가라아게란 마른 튀김을 말하는데, 즉 물반죽으로 튀김옷을 입힌 것이 아니고 마른 밀가루와 전분을 같이 버무려 튀기는 음식이다. 튀김옷이 없기 때문에 살짝 검게 타 보이기도 한다.

이렇게 만드세요!

1. 닭가슴살은 칼로 곱게 다진다.
2. 1에 녹차가루와 불고기 양념, 계란흰자를 넣어 무친다.
3. 2에 밀가루, 전분을 섞어 같이 반죽한다.
4. 식용유를 냄비에 부어 160~170℃로 가열한 후 3을 엄지손가락 크기 정도로 튀긴다.
5. 당면을 튀겨 접시에 골고루 깔고 4를 올린다.
6. 5에 유자 소스를 곁들여 내면 완성된다.

 재료 [2인분]

치킨 가라아게

닭가슴 살 150g / 다진 실파 1스푼 / 녹차가루 1스푼 / 밀가루+전분(1:1 비율) 100g / 식용유 500ml(튀김용) / 유자 소스(57쪽 참조) 3스푼 / 불고기 양념 2스푼 / 계란노른자 1개 / 간 마늘 1티스푼 / 당면 50g

 tip

녹차가루는 제과, 제빵, 요리, 차류 등 수없이 많이 쓰인다. 그러나 이 요리에서는 닭 특유의 누린내를 없애기 위해 사용하였다. 생선이나 고기에 녹차가루를 뿌리면 좋은 효과를 낼 수 있다.

에멘탈 치즈와 버섯 스테이크

육류요리

숙성 기간이 4~16개월 정도의 에멘탈 치즈는 본 고향이 스위스로 고단백 고칼로리 식품이다. 담백하고 고소하여 누구나 접할 수 있는 대중적인 치즈로 각광받고 있다.

이렇게 만드세요!

1 베이컨을 잘게 잘라 프라이팬에 볶은 후 기름을 제거한다.
2 프라이팬에 엑스트라 버진 올리브 오일을 두르고 잘게 자른 버섯류와 양파를 소금으로 간하여 볶은 다음 체에 받쳐 식힌다.
3 계란 흰자와 1, 2를 빵가루에 섞은 뒤 단단하게 모양을 잡아 냉장고에 30분 정도 보관한다.
4 에멘탈 치즈는 얇게 자른다.
5 프라이팬을 중간 불로 가열한 뒤 식용유를 두르고 3을 앞, 뒤로 노릇하게 굽는다.
6 5에 에멘탈 치즈를 살짝 얹고 실파를 뿌려 완성한다.

3

 Cooking Note

스테이크를 만들 때 뚜껑에 비닐이나 랩 등을 놓고 내용물을 넣어 손으로 꾹꾹 눌러 모양을 잡으면 구울 때 잘 부서지지 않는다.

 재료 [2인분]

에멘탈 치즈와 버섯 스테이크
베이컨 1장 / 표고버섯 1개 / 양파 1/4개 / 느타리버섯 5줄기 / 팽이버섯 1봉지 / 계란 흰자 1개 / 빵가루 50g / 에멘탈 치즈(30g) 1장 / 엑스트라 버진 올리브 오일 2스푼 / 실파 약간

 tip

※주의 : 베이컨을 볶을 때 기름을 너무 많이 넣으면 잘게 자른 베이컨이 튀게 된다. 아이들에게 상처를 입힐 수 있으니 주의해야 한다.

에멘탈 치즈

쌀을 재료로 하는 세계의 요리

■ 스페인의 빠에야
해산물과 야채, 육류를 쌀과 곁들여 큰 팬에 샤프란과 토마토, 마늘, 고추 등으로 양념하여 물을 넣고 끓이는 것이다. 엄밀히 이야기하면, 빠에야는 발렌시아 음식으로 프랑스에서도 먹을 수 있는 국제적인 음식이 되었다.

■ 인도네시아의 나시고렝
'나시(Nasi)'는 쌀을 뜻하고 '고렝(Goreng)'은 기름을 사용하여 볶거나 튀긴 것을 말한다. 참고로 '미(Mi)'는 면을 뜻한다. 보통 이슬람교는 돼지고기를 먹지 않고 힌두교는 쇠고기를 먹지 않는다.

■ 이태리의 리조또
우리나라 사람들도 잘 알고 있는 리조또는 더 이상 설명할 필요없는 대중적인 음식인데, 주로 해산물류를 넣고 요리하고 치즈나 토마토 소스 등 종류가 천차만별이다. 북부 이탈리아 지역에서 유래되었다고 전해진다.

■ 일본의 돈부리
일본식 덮밥을 말하는데 저렴하고 맛있어서 대중음식으로 자리잡았다. 큰 그릇에 밥을 담고 그 위에 여러 가지 재료로 완성된 음식을 얹는다. 돈부리를 동이라고 줄여서 말하기도 하는데 대표적으로 돈까스와 소스를 얹은 것을 가츠돈부리라 하지만 가츠동이라 부르기도 한다. 우리나라의 덮밥처럼 섞어서 비벼먹지 않고 밥과 함께 떠먹는 요리이다.

■ 터키 · 몽골의 필라프
오래 전 몽골과 터키가 같은 제국시대였던 때 유목 민족의 음식 문화라

할 수 있다. 야채, 해물, 고기류의 재료를 넣고 볶다가 쌀을 넣고 육수를 부어 볶듯이 주걱으로 저어가며 밥을 하는 식인데 스페인의 빠에야와 비슷하다. 또한, 몽골리안 바비큐도 비슷한 시대에 나온 음식이다.

■ 태국의 카오팟

태국식 볶음밥인데 우리나라 쌀처럼 찰기가 없어서 덮밥이나 볶음밥을 많이 먹는다. 종류를 보자면 카오팟(볶음밥)＋까이(닭고기), 무(돼지고기), 느이(쇠고기), 꿍(새우), 므역(오징어), 수파롯(파인애플) 등이다. 대표적인 것은 카오팟 수파롯인데 파인애플 볶음밥이다.

■ 인도의 커리라이스

커리의 주원료인 심황, 즉 터메릭은 뿌리과 식물인데 사실은 향이 많이 강하면서 맵고 청량감을 주는 식품이지만 시중에 판매하는 커리는 향과 맛을 억제한 것이다. 커리라이스는 우리의 쌀밥과 잘 어울리는 대중적인 음식으로 거듭나기 위해서 많이 노력한 식품이라 할 수 있다.

■ 캘리포니아 롤

롤의 태생은 미국 캘리포니아이다. 일본인이 만든 음식이라서 일본 음식이라 알고 있지만 일본 주방장이 어느 미국 손님의 까다로운 입맛을 맞추기 위해 만든 요리이다. 이렇듯 워낙 퓨전 푸드가 많기 때문에 태생이 모호한 음식이 많다.

Section

05

디저트

파리지언 파르페

통조림 과일보다 제철 과일이 더 많은 영양이 있고 시중에 파는 주스보다 생과일 주스가 영양 성분의 함유량이 훨씬 더 많다. 어릴 적부터 과일을 먹는 습관을 들이면 병치레를 하지 않을 뿐더러 면역력이 좋아져서 질병 예방에 큰 도움이 된다.

이렇게 만드세요!

1 수박, 메론, 망고는 파리지언 나이프로 다섯 알씩 파서 준비한다.
2 거봉은 씨를 빼서 반으로 잘라 준비한다.
3 스테인리스 볼에 휘핑크림을 넣고 한 방향으로 계속 돌려주면서 크림을 굳게 한다.
4 플레인 요거트와 꿀 적당량을 3과 섞는다.
5 파르페 볼에 휘핑크림과 플레인 요거트 섞은 것을 담고, 과일을 얹는다.
6 그 다음에 씨리얼을 뿌리고, 꿀로 단맛을 조절한다.
7 민트로 장식하면 완성된다.

파리지언 나이프

※ 주의
나이프로 파낸 과일을 어린 아이들이 먹을 때 자칫 목에 걸릴 수 있으므로 큰것으로 파내거나 네모지게 칼로 자르는 것이 좋다.

재료 [2인분]

파리지언 파르페
수박 1/8쪽 / 거봉 4알 / 메론 1/6쪽 / 망고 1/2개 / 휘핑크림 50ml / 플레인 요거트 1개 / 꿀 적당량 / 씨리얼 1스푼 / 민트(장식용)

파리지언은 프랑스 파리 본 토박이 사람을 뜻하는 말이고, 파리지엔느는 프랑스 파리 본 토박이 여성을 뜻한다. 그래서 파리지언 나이프 또한 프랑스에서 유래되었다.

트리플 프루트 타워

샐러드 부분에서 비슷한 음식이 있는데 요즘 과일을 이용한 샐러드가 많다보니 그럴 수밖에 없다. 샐러드는 식욕을 돋구는 작용을 하지만 디저트는 마지막에 나오는 음식으로 음식의 끝맛을 책임지므로 샐러드보다 조금 더 달콤하다.

이렇게 만드세요!

1. 사과, 백도, 키위는 모두 껍질을 벗겨서 5mm 정도의 두께로 썰어서 준비한다.
2. 프라이팬을 달궈 사과와 키위는 앞, 뒤로 굽고 꿀을 넣어 따뜻하게 한다.
3. 백도(황도)를 넣어 같이 섞어준 다음 건포도도 같이 넣어 따뜻하게 한다.
4. 디저트 접시에 사과를 맨 처음 놓고 키위, 백도 (또는 황도) 순으로 겹겹이 쌓는다.
5. 건포도를 올린 후 딸기 요플레를 흘려준다.
6. 씨리얼을 뿌리면 완성된다.

 재료 [2인분]

트리플 프루트 타워
사과 1/2개 / 백도 또는 황도 1/2개(통조림도 가능) / 키위 1개 / 건포도 1스푼 / 씨리얼 1스푼 / 딸기 요플레 2스푼 / 꿀 적당량

 tip

디저트로 먹는 과일은 아이스크림과 같이 먹으면 좋으나 아이스크림으로 인해 열량이 높아지기 때문에 밤에는 아이스크림류를 자제하는 것이 좋다. 밤에 먹는 사과는 위액 분비를 도와 위에 부담을 주므로 좋지 않다.

시리얼

패션 프루트 빙수

시원하게 얼린 수박과 열대 과일, 그리고 플레인 요거트, 발사믹까지 더해진 빙수이다. 재미도 있고 맛도 있고, 비타민도 많은 일석삼조의 디저트이다.

이렇게 만드세요!

1. 수박은 껍질을 벗겨내고 믹서에 갈아 체에 거르고 그릇에 담아 냉동고에 넣어 둔다.
2. 발사믹 식초를 팬에 넣고 끓여 1/2로 졸인 다음 꿀을 넣어 점성이 있는 시럽처럼 되도록 졸인다.
3. 리치는 반으로 자르고, 망고는 1cm 크기의 주사위 모양으로 자르고, 블랙 체리는 씻어 준비한다.
4. 반 정도 얼은 수박즙을 거칠게 깨서 컵에 담는다.
5. 플레인 요거트를 붓고 리치, 망고, 블랙 체리를 얹는다.
6. 마지막으로 발사믹 졸인 것을 흘려 주면 완성된다.

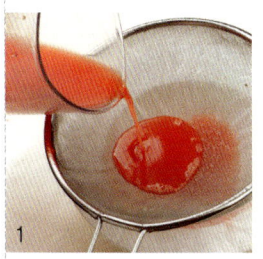

 tip

수박을 너무 오래 믹서에 갈면 검어질 수 있으니 적당히 갈아서 걸러야 한다.

 재료 [2인분]

패션 프루트 빙수
수박 1/8쪽 / 리치(통조림도 가능) 3알 / 플레인 요거트 1개 / 망고 1/2개 / 블랙 체리 3개 / 발사믹 식초 100ml / 꿀 적당량

◻ Cooking Note

쟁반이나 팬 위에 얇은 비닐팩을 깔아서 그 위에 수박즙을 담아서 얼린 후 요리할 때는 비닐팩만 살짝 들어서 원하는 크기로 깨면 알맞은 빙수가 된다. 팥을 곁들여도 좋고 콩가루 낸 것을 곁들여도 좋은 디저트가 된다.

블랙 체리

얇은 크레페와 연시 소스

연시에는 사과의 8~10배가 넘는 비타민 C가 들어 있어 배탈이나 설사에 효과가 있다. 또한 꾸준히 먹으면 감기같은 잔병을 예방할 수 있으나 변비가 있는 아이들에게는 좋지 않다.

이렇게 만드세요!

1. 밀가루를 체에 내린다.
2. 휘핑기를 이용하여 1의 밀가루, 계란과 함께 설탕, 소금, 정제 버터를 섞어 묽은 반죽을 만든다.
3. 면으로 된 헝겊을 식용유에 묻히고 프라이팬에 코팅한 후 약한 불로 가열하면서 얇게 반죽을 깔아서 앞, 뒤로 노릇하게 구워낸 다음 두 번 접어 준비한다.
4. 연시는 껍질을 벗겨 체에 내린 다음 생크림과 꿀 적당량을 넣고 따뜻하게 가열한다.
5. 얇게 만든 크레페를 소스에 적셔 접시에 담은 다음 블랙 체리를 곁들이고 다져서 뿌리면 완성된다.

Cooking Note

프라이팬에 식용유를 두르지 않는 이유는 반죽에 버터가 스며들어 있으므로 얇게 반죽을 깔아도 눌러붙지 않는다.

재료 [4인분]

얇은 크레페와 연시 소스
중력분 100g / 설탕 1스푼 / 우유 150ml / 달걀 1개 / 정제 버터 30ml / 연시(냉동 연시) 1개 / 블랙 체리 2개 / 생크림 1스푼 / 꿀 적당량 / 식용유 1스푼

버터를 50~60℃에 1시간 정도 두면 녹으면서 흰 단백질은 가라앉고 노란 액체가 떠서 층이 생기게 되는데 이 노란 액체가 정제 버터이다.

정제 버터

엄마들이 알아두면 좋은 **동의보감**

● 우는 아이에게

귤 껍질 : 귤 껍질이라해서 싫어 하겠지만 깨끗이 씻어 말린 귤 껍질 2개와 물 300ml를 은근히 끓여 1/2로 졸여서 반 컵 정도를 마시게 한다. 비린내가 나면 레몬즙을 떨어뜨리고 꿀을 타서 마시면 되는데 귤 껍질에는 뼈를 구성하는 요소가 많고 진정작용, 해열작용 등이 있어 아파서 우는 아이에게나 신경질적으로 우는 아이에게 효과적이다.

● 오줌 싸는 아이에게

호두 : 호두에는 신장 기능에 의한 뇌의 배뇨 중추신경을 억제시키기 때문에 비뇨기 질환, 특히 야뇨증 등에 효과가 있다. 호두 속살 3개를 살짝 볶아서 식힌 후 우유 200ml와 소금, 꿀을 넣어 믹서에 갈아서 자주 마시게 하면 효과가 있다.

● 열이 나고 기침하는 아이에게

금귤(낑깡) : 금귤에는 비타민A, C가 풍부하여 감기 치료와 예방에 좋은데 기침과 가래를 없애주고, 피로회복에 좋고, 저항력을 길러 준다. 금귤 5개를 씻어 칼집을 내고 오렌지 주스 300ml를 넣어 은근히 끓여 설탕이나 꿀을 넣어서 금귤이 흐물해지면 미지근할 정도로 식혀 으깨서 조금씩 먹인다. (씨는 제거해야 한다.)

● 피부 질환이 있는 아이에게

검은깨와 참깨 : 깨에는 오메가 지방산, 비타민 B군으로 인하여 피부 질환에 좋고 저항력과 면역 기능을 증강시켜 준다. 검은깨와 참깨 100g을 살짝 볶은 후 우유 200ml, 생크림 50ml, 감자 1/3개를 잘게 썰어 넣고 끓인

후 감자가 익으면 믹서에 갈아 수프로 하루에 1~2회 정도 꾸준히 먹이면 치료에 도움이 된다.

● **변비있는 아이에게**

김 : 체내 단백질, 지방, 당의 대사에 관여하는 리보플라빈이 김에 많이 함유하고 있어 체내 불순물 배출, 미세 순환을 촉진시켜 비만인 아이에게 좋다. 또한 김은 변비에 탁월한 효능이 있다. 장 기능을 활발하게 하여 배변을 도와 준다. 아침 공복에 김국을 끓여서 꾸준히 먹이면 효과를 볼 수 있다.

● **잠 투정이 심하고 칭얼대는 아이에게**

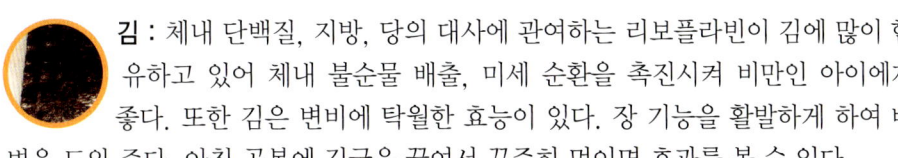

우유 : 우유에 많이 함유되어 있는 것은 미네랄!! 이 미네랄은 진정작용을 돕는데 우유를 꾸준히 먹는 아이는 잠자는 습관도 좋다. 하지만 흰 우유를 잘 안 먹는 아이에게는 꿀과 함께 섞어서 마시게 하거나 본 책에 실려 있는 단호박 수프 등을 먹이면 우유를 먹이는 데 도움이 된다.

● **허약 체질인 아이에게**

재첩(가막조개) : 부산의 명물인 재첩은 허약 체질 개선에 좋다. 뜨끈한 국물이 좋은 재첩에는 칼슘이 많아 성장 발육에 도움을 주고 소화를 도와 입맛을 돋구어 준다. 된장과 두부를 송송 썰어 재첩 된장국을 먹이면 집에서 컴퓨터 게임만 하는 아이가 놀이터에서 뛰어노는 활기차고 건강한 아이로 바뀔 수 있다.

● **땀띠, 습진인 아이에게**

오이 : 오이는 체내에 열을 식혀주는 역할과 피부 질환에 효과를 주는데 땀띠가 많이 나는 여름에 좋다. 더운 여름에 운동을 하면서 오이를 생으로 먹으면 체내 열을 식혀주면서 갈증을 풀어주고 밸런스를 맞추어 준다. 오이를 강판에 갈아 즙을 거즈에 충분히 묻혀 환부에 두드리듯 발라주면 피부 내에 열을 식혀 주어 땀띠나 습진에 효과가 있다.

레스토랑 요리 따라하기

2009년 4월 10일 인쇄
2009년 4월 15일 발행

저자 : 안충훈
펴낸이 : 남상호

펴낸곳 : 도서출판 **예신**
www.yesin.co.kr

140-896 서울시 용산구 효창동 5-104
대표704-4233, 팩스 : 715-3536
등록번호 : 제03-01365호(2002. 4. 18)

값 **12,000**원

ISBN : 978-89-5649-069-4

*이 책에 실린 글이나 사진은 문서에 의한 출판사의
동의 없이 무단 전재·복제를 금합니다.

Restaurant cooking